圖說中華文化故事

齊國歷史文化與藝術

凌公山 著

目錄

前言   7

壹   齊國歷史

一、齊國的締造   10
二、春秋時期以前的齊國   11
三、春秋時期的齊國   13
四、戰國時期的齊國   25
五、齊國君王世系表   44

貳   齊國文化與藝術

一、齊國的美學思想   48
二、齊國的金屬工藝   50
三、齊國的陶器藝術   54
四、齊國的服飾藝術   59
五、齊國的音樂藝術   60
六、齊國的舞蹈藝術   64

結語   65

附錄 延伸閱讀——春秋戰國的生活與用具

農業發展   68
臨淄城   74
貨幣   82
銅鏡   90
炭爐及熏爐   98
投壺   104
棋戲   112
化妝術與妝奩   118
齊國服飾   124
齊國音樂   130

參考書目   138

前言

齊國的歷史悠久，並有深厚的文化基礎。由於地大物博、人才濟濟，在春秋、戰國時期，都佔有一席之地。

齊國的興衰敗亡、振衰起敝，都與在位的君王和輔國的臣民息息相關，人才謀士是關鍵。可以說齊國史是一部齊國人求生存、求安定、求富強，一直到衰亡的歷程記錄。

國力與人才分不開，齊國「稷下學宮」所培育的高才，不僅鞏固了齊國，也造就了當時的學術發展。我們閱讀歷史，應當格外留意人的角色和作為。所謂「以銅為鏡，可以正衣冠；以古為鏡，可以知興替；以人為鏡，可以明得失。」不可不察。

東方的齊國，自由開放，能容百家，融合調適，齊國在思想、藝術、人文上的成就，深深影響了後人。由於是塊適合發展的沃土，因而在工藝、織品、音樂、舞蹈上培育出朵朵奇葩異卉。換句話說，齊國具備了適宜文化發展的環境，諸如傳統與創新、中原與齊地、貴冑與庶民、政治與經濟、經商與交流⋯⋯

文化就在這古老的東隅一方的齊國，成長、茁壯。我們看齊文化，不僅要看物質文明的繁榮，更珍貴的是流傳後世的精神遺產價值。

泱泱大國，臨海之濱，浩浩古國，文化流芳。

壹

齊國歷史

一 齊國的締造

姜太公時期（在位年份不明）

姜太公（呂尚，姓姜名尚，又名牙）因輔佐周文王興邦又協助武王滅商，善於出謀劃策，功在眾臣之首，而受封於營丘（今山東淄博臨淄城北），成為齊國的開創者，稱齊太公。太公望，則是周文王遇姜太公垂釣，而獲得興盛的希望後，禮聘姜太公為太師，而尊稱他的號。姜太公是東海人（今山東江蘇濱海地區）。先祖曾任官，輔禹治水有功，受封在呂（今河南南陽西），後以封地為姓自稱呂尚，俗稱姜子牙。

太公前往封國營丘時，受途中旅舍店主的激勵，驅逐夷族萊人，及時奪回土地。而後修治政務，「尊賢尚功」，也就是尊重和任用才德兼備的人，和獎勵對國家人民有功的人。又簡化禮儀，合於當地舊俗，大獲土著的支持。同時，為因應國境內有大片鹽鹼地，故鼓勵工商各業發展，便利漁鹽收益，因此人民多願歸齊，國勢漸漸增長。太公奠定了日後齊國的基礎。

周武王過世後，成王年少，周公旦（文王第四子）專管王室。管叔（文王第三子）、蔡叔（文王第五子）懷疑周公想加害於成王，就挾同紂王的兒子武庚作亂，南方淮夷也結夥叛周。成王派召康公（召公姬奭〔音同「式」〕，受封於北燕，為三公之一）命令姜太公可四處征伐。

太公一生足智多謀，長於用兵，工於奇計，善用謀劃，尤其能勘查環境，把握時機，戰無不克，齊國從此成為大國，並為當時治理的典範，後人、史家多有讚詞。

二 春秋時期以前的齊國

姜丁公時期（在位年份不明）至齊莊公時期（公元前794年—前731年）

太公呂尚過世，約有一百多歲，兒子丁公呂伋繼位。丁公去世，子乙公得繼位。乙公去世，子癸公慈母繼位。癸公去世，子哀公不辰繼位。

齊胡公時期（公元前866年—前842年）

哀公時期，紀侯（指齊魯間的諸侯，齊魯屬今山東省）在周王前誹謗哀公，周王怒烹哀公，立他弟弟靜為君，是為胡公（公元前866年至前842年在位）。胡公遷都薄姑（今山東濱州博興東北），當時是周厲王時期（公元前877年至前841年在位）。周厲王因殘暴不仁，引發國人暴動，厲王出奔彘（國語音同「志」，粵語音同「自」）地（今山西霍州東北）。次年，周王室發生叛亂，大臣代行政事，前後十四年，號稱共和，共和元年是公元前841年，從此，中國歷史開始有明確紀年。共和之後，周厲王之子靜（又作靖）即位，是為周宣王（公元前827年至前782年在位）。

齊獻公時期（公元前841年—前833年）至齊武公時期（公元前832年—前825年）

哀公的同母少弟山，怨恨胡公，就與他的黨羽，率領營丘人襲擊攻殺胡公，自立為君，是為獻公（公元前841年至前833年在位）。獻公驅逐胡公眾子，遷出薄姑，重回營丘，改名臨淄，定為都城。獻公九年，獻公去世，兒子齊武公壽即位（公元前832年至前825年在位）。

齊厲公時期（公元前 824 年—前 816 年）至齊成公時期（公元前 803 年—前 795 年）

公元前 825 年，武公逝，子厲公無忌繼位（公元前 824 年至前 816 年在位）。厲公暴虐無道，所以胡公的兒子又回到齊國，與齊人攻殺厲公，胡公的兒子也死於戰鬥中，齊人就立厲公的兒子赤為君，是為文公（公元前 815 年至前 804 年在位），文公將謀反的七十人處死，暫平了齊國公室的內爭。

文公十二年（公元前 804 年）去世，子成公脫繼位（公元前 803 年至公元前 795 年在位）。成公九年去世，由子莊公購繼位。

齊莊公時期（公元前 794 年—前 731 年）

莊公在位六十四年（公元前 794 年至前 731 年），期間歷史大事有：莊公二十四年（公元前 771 年），犬戎殺死幽王，周朝東遷洛陽。秦襄公因助周平王遷都有功，初封為諸侯。五十六年（公元前 739 年），晉昭侯將曲沃封予其弟成師，是為桓叔。桓叔當時年已五十八歲，喜施恩，獲民心，城邑比晉昭侯還大，有識之士恐桓叔勢大為亂，後來，晉昭侯的臣子潘父果真叛變，弒昭侯，迎桓叔。但是晉人發兵反對桓叔，桓叔敗退曲沃（今山西運城聞喜）。晉人殺潘父，立昭侯子平為晉孝侯。

齊莊公年間，周室已日益衰微，到齊僖公接位，中國大致進入了春秋時代。莊公和僖公在位時，都算是有作為的國君，勵精圖治，主盟諸侯，有小霸主的局面。

齊僖公時期（公元前 730 年—前 698 年）至齊簡公時期（公元前 484 年—前 481 年）

齊僖公時期（公元前 730 年—前 698 年）

自齊太公以降，歷十一世十三公，於齊僖公九年（公元前 722 年）進入春秋時期。

莊公去世，兒子鼇（通「僖」）公祿甫繼位，是為僖公（公元前 730 年至前 698 年在位）。僖公九年，魯國隱公即位。十九年，魯桓公（公元前 711 年至前 694 年在位）殺死庶兄隱公自立為君。二十五年（公元前 706 年），北戎入侵齊國，鄭國派太子忽來救援，僖公想把女兒賜婚，鄭忽以齊大非偶（編按：齊國為大國，我不敢高攀結此婚姻）為由而謝絕。後來齊公主出嫁魯桓公。

齊襄公時期（公元前 697 年—前 686 年）

三十三年（公元前 698 年），僖公去世，太子諸兒繼位，就是襄公（公元前 697 年至前 686 年在位）。齊襄公心胸狹小，荒淫無道，生活奢侈糜爛，與其妹魯夫人早有私通。襄公四年，魯桓公與夫人到齊國，桓公知悉姦情而大怒，夫人乃將情況告知齊襄公。齊襄公約魯君飲酒，灌醉後，派大力士彭生抱魯君上車，打折其肋骨並將其殺害。事後魯人責備齊國，齊襄公殺彭生以謝罪，可見襄公暴虐，濫殺無辜。史家呂東萊讚賞鄭忽辭婚，認為若非如此，彭生之亂將不在魯而在鄭國了。

齊國地處濱海，北有河水、濟水，大片淤積荒地，再北有北燕和山戎（北戎），西邊和西南有周王室與晉、鄭、衛、宋、陳、曹、滕、薛等各路諸侯。齊的東鄰又有紀、杞、萊等勢力，春秋初期，以侯爵姜姓紀較有實力，成為一心圖強的齊國，首要吞併的對象。

在政治、軍事、地緣方面，真能與齊國較量的只有南邊的魯國，魯國是制約齊的主導，而紀是齊魯的緩衝，為紀的存亡，魯齊交兵，魯桓公執政十八年中就三次交兵，之前，魯隱公亦曾以援紀制齊為政策，限制齊國向東擴張。

齊襄公還窮兵黷武，八年（公元前 690 年）討伐紀國，紀國退避而遷都。

後又討伐鄭、平郜，又入侵魯國，戰爭不息，危害鄰國，也消耗了齊國國力，人民生活陷入困苦。襄公有堂弟公孫無知，為僖公弟夷仲年之子，在僖公時深受寵愛，享太子待遇，年少時曾與襄公鬥毆。襄公即位後降低無知的俸祿和服飾，因而遭無知的怨恨。

襄公派連稱、管至父戍守葵丘（今山東臨淄西），瓜熟的時候，襄公前往，應允次年瓜熟時更換戍邊（編按：即守衛邊疆的守將），可是襄公政令無常，第二年居然違背約定，不同意替換守將。此兩人怒氣難耐，決定與公孫無知合謀作亂。連稱有堂妹在後宮為內應。十二年（公元前 686 年）十二月，襄公遊姑棼，狩獵見豬，隨從戲稱「彭生」，襄公怒而射豬。豬中箭突然兩腳而立，聲似啼哭，襄公大驚而摔車，跌傷腳丟了鞋，生悶氣而回宮，還遷怒了當時管鞋的侍者茀，鞭打他三百下。茀出宮時，正遇無知、連稱等謀反的人，茀不動聲色，稱願引進而回宮，但先將襄公藏好，待謀反士眾，打敗衛士幸臣，入殿後，尋找不到襄公。不巧襄公躲藏不嚴，露出鞋腳，終不免一死。無知篡位，自立為君。

齊桓公時期（公元前 685 年—前 643 年）

次年春，齊君無知遊於雍林（今地不詳），雍林人怨恨無知而襲殺。接位者是小白，即是齊桓公（公元前 685 年至前 643 年在位）。

當初齊襄公荒淫，兄弟紛紛外逃，襄公的二弟公子糾投奔於魯，隨行輔佐的有管仲和召忽。三弟小白逃往莒，輔佐小白的是鮑叔牙。小白

自幼便與齊國的大臣高傒交好，所以當無知死於雍林，高氏國氏兩大族，便派人迎接小白。而魯國聞訊也發兵送公子糾回齊爭位，同時派管仲另率部隊攔截小白，管仲預先埋伏，一箭射中小白的衣帶鈎，小白趁勢躺倒裝死，管仲回報魯國，糾的隊伍就走慢了。另外一方面，小白欺敵成功後，快馬疾行，得高、國兩氏接應，捷足先登。高傒立小白為君。即位後，發兵拒魯。

這年秋天，齊魯戰於乾時（今山東臨淄西南），魯兵敗走。齊桓公致函魯君，稱不忍殺兄弟糾，要魯君處理，而召忽和管仲則必須送回齊國，要將其剁成肉醬解恨。魯國懼齊，速殺公子糾，召忽自殺，只有管仲甘心受囚。齊桓公身邊的鮑叔牙，因知管仲能成大業，竭力向其推薦管仲。桓公重用管仲，還拜其為相，掌理齊國政事。管仲一心改革政治，他的目標在於富國強兵，首先，立法提高君主權威；再建宰相、五官制度，各司其責；劃分政治轄區便於監督。同時，推舉賢才，察納士民的政見和建言。在軍事上，行五家為基層單位的兵制。發行貨幣，改善賦稅，推展鹽漁，同時實施賑濟貧困，推行禮樂教化。齊國國勢日日強大，齊桓公終能稱霸於春秋。

桓公二年（公元前 684 年），攻滅郯國。郯國諸侯出逃莒國。這是桓公報復當年流亡時曾受郯國無禮的對待。

桓公五年（公元前 681 年），齊再次伐魯，魯軍大敗，魯莊公獻出遂邑（今山東肥城南）以求和，桓公同意，與魯莊公會於柯（今山東聊城陽谷東北）以結盟。正當訂約時，魯將曹沫突然跳上壇台，以匕首劫持桓公，要求齊國退還割地。桓公不得已只能應允。曹沫於是扔匕首，而返回座位。桓公見危機已除，想反悔承諾，更想立刻殺了曹沫。管仲出來對桓公說，背信殺人，圖一時之快，棄信於諸侯，將失天下人心，桓公聽了規勸，將曹沫三次戰敗丟失的土地，都還給魯國。因此各國諸侯都相信齊國，願與齊國交往。

桓公七年（公元前 679 年），各國諸侯會齊桓公於甄邑（今山東菏澤

鄄城西北）。從此齊桓公名聲，霸於春秋。

二十三年（公元前 663 年），北方山戎侵擾燕國，燕國向齊國求救。齊桓公率兵救燕，進而北伐山戎，一直打到孤竹（今河北秦皇島盧龍南）才撤回。燕莊公感恩，陪送桓公回齊，不知不覺已入齊國國界，齊桓公認為，除了周天子，一般諸侯，送行是不能越境的，為了遵守禮法，便把燕君經過的區域全都劃給燕國，讓燕國重新施行召公（始封燕之君姬奭）之政，按時向周室進貢。諸侯知道了這事，都願追隨齊國。

二十七年（公元前 659 年），魯莊公的夫人哀姜，即齊桓公的妹妹，與莊公的長弟慶父有染，慶父想立哀姜妹妹的兒子開繼位，經鬥爭後，開接位是為魯湣公。隔年，慶父坐大與哀姜私通更頻，居然派人擊殺湣公，想自立為君，魯人不從而反抗，慶父出逃莒，自殺身亡。齊桓公知悉後，將哀姜召回殺死，並且送回魯國，陳屍示眾，以平魯亂。

二十八年（公元前 658 年），衛國數次動亂，翟（通「狄」）入侵，滅衛殺君，齊桓公率諸侯伐翟，還為衛國修築楚丘城（今河南安陽滑縣東）作為都城，並扶立衛君文公。文公初立，減賦平罪，與百姓同苦，以收衛民。桓公霸主形象大好。

二十九年（公元前 657 年），齊桓公與夫人蔡氏乘船戲水，蔡氏識水性而搖蕩舟身，桓公因懼怕而下舟，還生氣地將蔡氏送回娘家，蔡國不諒解而將蔡女另嫁。桓公大怒興兵伐蔡；三十年（公元前 656 年）春，蔡軍不敵，自行潰散。桓公乘勢進攻楚國，問罪楚成王，一在於未進貢菁茅，使周天子祭祀用品不完備，二是當年周昭王伐楚，淹死於漢水，管仲以此為藉口，齊軍繼續前進，到達陘山（今河南漯河郾城南）。到了夏天，楚將屈完率兵抗齊，齊軍退紮召陵（今河南漯河郾城東），桓公會見屈完，本想炫耀武力，唯屈完能言善道，說服桓公而結盟，是謂「召陵之盟」，齊軍退兵。齊桓公率軍回經陳國時，受陳國大夫欺弄，因而討伐陳國。

三十五年（公元前651年）夏，齊桓公於葵丘（今河南開封蘭考東）和諸侯會面。周襄王派太宰送來祭文王、武王的祭肉，還有彤弓、矢及車輛，讓桓公受賞時不必下拜。管仲因禮法認為不可，桓公於是下堂拜謝，再升堂受賜，桓公更獲榮寵。

三十五年（公元前651年）秋，又與諸侯於葵丘會盟，桓公驕氣漸生，諸侯已生反感。赴會的晉獻公半途有聞桓公驕橫，病重而返，這一年晉獻公去世，晉國朝政大亂，秦國送夷吾回晉即位，桓公則以晉國內亂出兵到高梁（今山西臨汾東北），以霸主名義確認新任晉惠公後退兵。

當時周室衰微，只有齊、楚、秦、晉較強，晉國因獻公死而動亂。秦處偏遠，楚正吞併周邊小國，秦楚均不參與中原會盟。桓公正好能得管仲等輔助發揚威德。唯桓公志得意滿，傲氣不可一世，甚至有登泰山祭天，至梁父山祭地之想，幸有管仲極力攔阻。

三十八年（公元前648年），周室受戎狄襲擊，齊國派管仲平息戰亂，周王想用上卿的禮節接待，管仲自認，身為諸侯的臣子，不得僭越，才用下卿之禮拜謁周王。

四十一年（公元前645年），管仲離世。管仲臨終前，桓公向其詢問易牙、開方、豎刁三人中何人是適任宰相的人，管仲認為，迎合國君的三個人皆有害齊國。桓公不聽勸，反而重用，終被掌控大權。

四十二年（公元前644年），戎人攻打周室，齊國號令諸侯戍守，尊王攘夷風光一時。這一年，晉公子重耳來齊，桓公厚禮相待，賜宗室公主嫁他，並送上二十輛車。重耳後來得到秦國穆公（春秋另一霸）的幫助，成為晉文公。經歷十年後，晉文公也成為春秋霸主。

齊桓公好女色，寵妾眾多，三位夫人都未生子，而姬妾中有六位有子，獲桓公優渥對待。鄭姬生孝公昭，立為太子，其他五子都企圖篡奪太子之位，結黨拉幫，互相攻擊。易牙全力幫助衛姬的兒子無詭，

並透過豎刁向桓公獻上重禮，桓公年老，答應立無詭為太子。

四十三年（公元前 643 年），桓公去世，宦臣入宮奪權，立無詭為國君，宮闈大亂，太子昭投奔宋國。宮中空虛，無人收殮，致使桓公遺體放置六十七日，屍蟲爬出門外，待無詭即位才入殮，舉辦喪禮。

綜觀桓公一生，成於以人為本，選用賢才；周圍人才濟濟，管仲、鮑叔牙、隰朋、王子城父等在政策上，能應形勢，推行尊王攘夷的霸業。晚年，近用小人埋下禍根，悲劇收場。

齊孝公時期（公元前 642 年—前 633 年）

無詭在位三個月後，宋襄公率諸侯送太子昭回齊國，齊人恐慌，殺無詭，迎昭繼位，是為齊孝公（公元前 642 年至前 633 年在位）。

孝公六年（公元前 637 年），齊國伐宋，懲其會盟缺席，當其時齊國國勢已不如前。十年（公元前 633 年），孝公去世。

齊昭公時期（公元前 632 年—前 613 年）

孝公過世後，開方殺害了孝公的兒子，而立桓公寵姬葛嬴之子潘為昭公（公元前 632 年至前 613 年在位）。昭公元年，晉文公敗楚於城濮（今山東鄄城臨濮，亦有一說在河南開封陳留），而會盟諸侯於踐土（今河南滎陽東北），周天子封晉文公為霸。

齊懿公時期（公元前 612 年—前 609 年）

二十年（公元前 613 年），昭公去世，兒子舍被立為齊君，但舍的母親沒有聲望，連帶舍被輕視，勢孤力弱。此時，桓公另一姬妾密姬之子商人，暗中結交賢士，愛撫百姓，深受民眾愛戴，趁舍掃墓時殺了他，自立為君，這就是懿公（公元前 612 年至前 609 年在位）。

懿公即位後，惡性顯露，驕橫無道，大失民心。懿公年輕時與丙戎的父親打獵，因爭獵物而結仇。登上大位後，砍去丙戎父的雙腳，還讓丙戎為他駕車。懿公見庸職的妻子貌美，便奪走他的妻子並納入後宮，還讓庸職做隨車護衛。

懿公四年（公元前 609 年）懿公遊申池（位於今山東淄博臨淄），丙戎與庸職共浴，提起「斷足子」「（被）奪妻者」的舊事，互相羞辱，引發起兩人久蓄於胸的懷恨，於是同仇敵愾，在車上合力殺死懿公，並棄屍竹林後逃亡。

齊惠公時期（公元前 608 年—前 599 年）

齊國人從衛國迎桓公另一寵姬少衛姬的兒子元接君位，即惠公（公元前 608 年至前 599 年在位）。惠公在五公子中，最有韌性，察言觀色，能伸能屈。因不滿懿公作為，而避到衛國。

齊惠公二年（公元前 607 年），長翟（通「狄」）來犯，齊老臣王子城父，擊殺狄人首領，埋葬北門。

齊頃公時期（公元前 598 年—前 582 年）

十年（公元前 599 年），惠公去世，兒子齊頃公無野繼位（公元前 598 年至前 582 年在位），終於結束了四十三年之久的桓公五子爭立。

齊頃公七年春天（公元前 592 年），晉國派郤（音同「隙」）克出使齊國，齊頃公的母親在樓上看見郤克駝背，又見魯國使者瘸腿，衛國使者獨眼，忍不住大笑。郤克受辱，歸途中，對河發誓必會報仇雪恥。回國後，求君討伐齊國。晉景公認為是個人仇怨，不予同意。是年，老臣讓位，郤克執政。

八年（公元前 591 年），晉國出兵齊國，齊敗，公子彊被當人質，晉

軍才撤兵。此時齊國國勢已大不如前。

十年（公元前 589 年），衛國侵犯齊國，齊國奮戰打敗衛，趁勢想奪
魯邑。魯、衛向郤克求晉國派軍救援，晉國派郤克指揮八百輛兵車，
為中軍將領，還有上軍、下軍配合。齊晉兩軍在鞌（通「鞍」，今山
東濟南西北）對陣，交戰時，郤克被射，血流到鞋上，郤克想退回營
壘，他的車夫現身說法，指自己也受傷兩次，鼓舞了郤克，忍痛再
戰。齊大夫逄（音同「旁」）丑父是齊頃公的車右（編按：站在車子
右邊的武士），頃公受傷被圍，丑父擔心頃公被俘，便與頃公互換位
置，戰爭中，車被絆住，無法再行，丑父讓頃公下車取水，頃公趁機
逃脫，返回齊軍。丑父被擄，郤克想殺他，丑父申稱，如果替國君死的
人遭到殺戮，以後就沒有忠君替死的了。於是郤克放丑父逃歸齊國。晉
軍大肆追擊，直到馬陵（今山東淄博西南）。頃公獻出寶器求和，晉軍
不允。郤克提出交頃公母親蕭桐姪子為人質。齊國使者抗議，假設交出
頃公的母親，就像晉君交出自己的母親，要有同理心，將心比心。如果
不講道義，寧願重新決一死戰。於是晉國同意講和，撤軍離去。

鞌之大戰，齊國受重創。十一年（公元前 588 年），齊頃公為討好晉
國，親赴晉國，欲尊晉景公為王，結果碰了軟釘子，景公不敢接受。
頃公回國後，廢棄苑囿（編按：即供王室遊樂的園林，「囿」音同
「右」）、減輕賦稅、幫助孤寡、慰問傷病，同時拿出府庫積蓄，救濟
百姓，厚禮對待諸侯，悔過自新，專心圖治，直到頃公過世，齊國總
算國泰民安。

齊靈公時期（公元前 581 年—前 554 年）

十七年（公元前 582 年）頃公去世，兒子靈公環繼位（公元前 581 年
至前 554 年在位）。

靈公十年（公元前 572 年）晉悼公出兵齊國，齊國讓公子光當人質。
十五年（公元前 567 年），齊國滅了東夷大國萊，國土倍增之餘，漁

鹽商利更盛。十九年（公元前 563 年），公子光被立為太子，由上卿高厚輔佐，參與盟會。

二十五年（公元前 557 年），晉國又與靈公交戰於靡下（即歷下，位於今山東濟南西），齊軍敗逃。晉軍包圍臨淄，晉軍於城外，東到膠水，南到沂水，燒殺擄掠，齊國人都據城防守，晉軍才返回。從此齊國元氣大傷。

齊莊公時期（公元前 553 年—前 548 年）

二十八年（公元前 554 年）靈公又應允寵姬戎姬另立牙為太子，將太子光流放，調高厚改為輔助新太子牙。其後，靈公病，崔杼迎回太子光，是為莊公（公元前 553 年至前 548 年在位）。崔杼早在惠公時便深受寵信，惠公去世後，受齊國舊勢力的排擠，曾出走衛國。此次立君有功，捉拿並殺害太子牙，又殺高厚，成為重臣。

莊公三年（公元前 551 年），晉國大夫欒盈犯罪出逃，來到齊國，得到莊公厚待，晏嬰、田文子皆諫言，莊公不聽。四年（公元前 550 年），派欒盈潛入曲沃（晉國舊都，今山西聞喜東北）做內應，軍隊緊隨其後，齊軍入太行，和欒盈配合攻絳城，初勝後敗，逃回曲沃，欒盈被殺，欒族被滅。齊莊公聞訊，遣回軍隊，此戰役齊國還攻佔了晉國朝歌（今河南鶴壁淇縣），算是報了臨淄被圍的恥辱。

莊公品行不良，與崔杼妻子私通，經常明目張膽進出崔家，崔杼早已懷恨在心。莊公六年（公元前 548 年），莒國君主來朝，齊君設宴款待。崔杼稱病缺席。次日，莊公借探視崔杼病情為由，藉機想與崔杼妻子偷情，崔杼夫婦進入內室，閉門不出。莊公抱著庭柱唱歌喧鬧。此時，與崔杼聯合的宦臣，將莊公的隨從攔於門外，關閉大門。而崔杼人馬從院中擊殺莊公，莊公登上高台求和解，並起誓立盟，均被拒絕。莊公請求回祖廟自盡，崔杼的黨羽看穿此為緩兵之計，更是不許，莊公翻牆而逃，不幸腿部中箭而墜下，最終被殺死。晏嬰在門外，知道原委，進門撫屍痛哭而去。有人想殺掉晏嬰，崔杼為贏得人

心，不採取行動。

齊景公時期（公元前547年—前490年）

莊公死，崔杼立杵臼為景公（公元前547年至前490年在位），景公任命崔杼為右相，齊國權臣慶封為左相。崔、慶兩人威嚇國人，眾臣歸附，只有晏嬰不從，崔杼將晏嬰放走。齊國太史記錄，稱崔杼殺死莊公。崔杼怒殺太史，太史的弟弟仍照舊寫下，崔杼又殺太史的弟弟。太史的少弟繼續按原樣記寫，崔杼只好放了他。史官據實記錄不畏強權，甚至寧可拋棄性命，是歷史上的典範。

景公元年（公元前547年），崔杼鬧家變，兒子們互相爭奪家族繼承大位，兄弟不和，崔杼不知就裡，認敵為友，引進慶封勢力，終引致崔氏一家被毀滅淨盡，崔杼夫婦以自殺終結。慶封獨攬朝政，權勢更勝以前。

景公三年（公元前545年），慶封驕橫專權，只顧嬉樂不理政事，政務由兒子慶舍代勞，父子間生有嫌隙，早晚發生動亂。齊國世襲貴族中的田氏、鮑氏、高氏、欒氏合謀對付慶氏。慶舍派兵包圍慶封家宅，慶封歸家不得，出走魯國，落腳於吳國。

九年（公元前539年），景公派晏嬰出使晉國，與晉國公族叔向交談，叔向認為晉國外表雖仍是霸主，但其實已到了衰敗之時，因為國君只知收重稅、建樓閣，不念國政。晏嬰也認為齊國情況更甚，政權將歸田氏所有，真是英雄所見略同。

晏嬰在諸侯中素有名聲，佐靈公、莊公和景公三朝，是治國良相，崇尚節儉，為人謙抑，正直不阿，講求禮法，又具過人智慧。不論在齊國安定或混亂的政局中都能和諧處之。

十二年（公元前536年），景公到晉國，想徵求同意討伐燕國。

十八年（公元前 530 年），景公又到晉國，朝見晉昭公登位。

二十六年（公元前 522 年），景公和晏嬰在齊魯交界狩獵，順便進入魯國，討教禮制，頗有恢復霸業的居心。

三十一年（公元前 517 年），魯國季氏叛亂，魯昭公逃奔齊國。齊景公原本願助昭公，封千社之邑，但昭公礙於身為周公旦的後代，不肯臣服於齊而作罷。

次年，齊景公奪魯國鄆（今山東菏澤鄆城東）供昭公居留。

四十七年（公元前 501 年），魯國的陽虎攻打季氏，沒有取勝，逃亡齊國，請求齊國討伐。不料齊人囚禁陽虎，陽虎投奔晉國。

四十八年（公元前 500 年），齊景公與魯定公在夾谷盟會，孔子（孔氏，名丘，字仲尼）主持，景公擔心孔子協助魯國，魯國因而強大，所以要挾魯定公，齊國獻上萊人樂舞，孔子據禮儀，快步登階，令人捉斬萊人，並按禮法指責景公。齊侯恐懼，不敢行動，反而向魯國賠罪，並且歸回侵佔魯國的土地。這一年，晏嬰去世。

五十年（公元前 498 年），齊景公與魯定公結盟；五十二年（公元前 496 年），鄭、宋、衛也加入以齊為核心的同盟。五十四年（公元前 494 年）盟軍共同伐晉。

五十五年（公元前 493 年），晉國的叛臣范氏、中行氏到齊國借糧。齊國權臣田乞早有背叛景公的意圖，想與外部勢力結成黨羽。於是勸說齊景公，范氏、中行氏對齊有恩，齊不得不救，加上挑戰晉國是景公復霸的手段，所以景公輕易地同意了，派田乞前去救援，也有了成效。

五十八年（公元前 490 年）秋，景公年歲已高，立小兒子荼為太子，並且驅逐其他公子到萊地。景公去世，荼繼位，是為晏孺子（公元前 489

年在位）。冬天，景公還未下葬，群公子懼怕受害，紛紛逃亡國外。

晏孺子（公元前 489 年）至齊悼公時期（公元前 488 年—前 485 年）

晏孺子元年（公元前 489 年），田乞假裝順從高氏、國氏兩大家的高
昭子和國惠子，用盡心機，使諸大夫謀反，殺了高昭子。國惠子逃往
莒國。田乞將逃亡魯國的齊國公子陽生召回，並將其藏在自己家中。
十月，田乞邀眾臣在家酒宴，將陽生用袋裝置於座位中央，酒席中陽
生現身。田乞與諸臣盟誓立陽生為君。眾臣之中較有聲望的是鮑牧，
田乞乘鮑牧醉酒，騙說此計是與鮑牧合謀，鮑牧知曉後反悔，又害怕
引發禍亂而改口讚同。陽生進宮是為悼公（公元前 488 年至前 485 年
在位），派人將晏孺子遷徙，並將其殺死在帳篷中。同時讓田乞做相
國，專理政事。

田氏投奔齊國的歷史，源於陳國厲公的兒子陳完，那年是齊桓公十四
年（公元前 672 年），陳國連連內亂，陳完投靠齊國，桓公本想任陳
完為卿，陳完推辭，才派他做管理各類工匠的官員，並且改姓田，經
過六代，一百八十多年，到田乞專權，田氏終於出人頭地。

陽生在魯國時，曾娶季康子的妹妹季姬為妻，季姬和叔父有不倫行
為，魯國遲遲不敢將季姬送還齊悼公。齊國因此伐魯，佔領讙邑（今
山東肥城）、闡邑（今山東泰安寧陽），終將季姬接回。季姬到齊，大
受寵愛，齊國還將魯地歸還。

悼公四年（公元前 485 年），吳國和魯國出兵齊國南方。期間悼公被
害身亡，吳王夫差按禮法，在軍門外哭三天，趁齊國不備，派海軍攻
齊，但海軍並未獲勝，只得返回。晉國的掌政者趙鞅也派軍伐齊，到
達賴邑（今山東濟南章丘西北）才撤退。這年，田乞過世，他的兒子
田常（田成子）接位為族長，並且仍然專政齊國。齊人共同擁立悼公
的兒子壬，即是簡公（公元前 484 年至前 481 年在位）。

齊簡公時期（公元前 484 年—前 481 年）

簡公即位後，用監止掌政，監氏與田氏時有矛盾，監止寵信田氏旁系疏族的田豹，欲驅逐田氏主系立田豹為族長，消息走漏，兩氏更形對立。

齊簡公四年（公元前 481 年）夏，田成子兄弟等入宮，欲殺死齊國大夫子我，子我出迎，田氏趁勢將門關上，卻遭到宦官的抵抗，田成子殺宦官。簡公知田成子逼宮，想起兵討伐，經調解而止兵，田常又懼犯上被殺，想出逃他國。後經手下提醒，改攻打子我，雙方交戰，子我敗北，田氏部下追殺了子我和監止。簡公聞訊出逃，在徐州（今山東滕縣東南）被田氏殺害（公元前 481 年）。從此，田氏專政齊國。歷史進入戰國時期（公元前 476 年至前 221 年）。

四 戰國時期的齊國

齊平公時期（公元前 480 年—前 456 年）至齊王建時期（公元前 264 年—前 221 年）

齊平公時期（公元前 480 年—前 456 年）

齊簡公在位四年，被害後，田常立簡公的弟弟驁為君，即是齊平公（公元前 480 年至前 456 年在位），田常為相國。早年間，田常為獲取民心，讓百姓借糧時用大斗，還糧時用小斗，已有名聲。殺簡公後，怕諸侯的討伐，故將侵佔衛國、魯國的土地歸還，又與晉國的韓趙魏三家結盟，並與南方吳越交好，在國內按功行賞，又和齊國各大家族友善，齊國從此安定。

過了五年，一切大權盡落田常一人。而後他排除異己殺鮑氏、晏氏及監止家族，齊國公室勢力大者，全被消滅。田常又把從安平（今山東淄博東北）以東，直到琅邪（今山東膠南西南）的區域，劃歸自己所

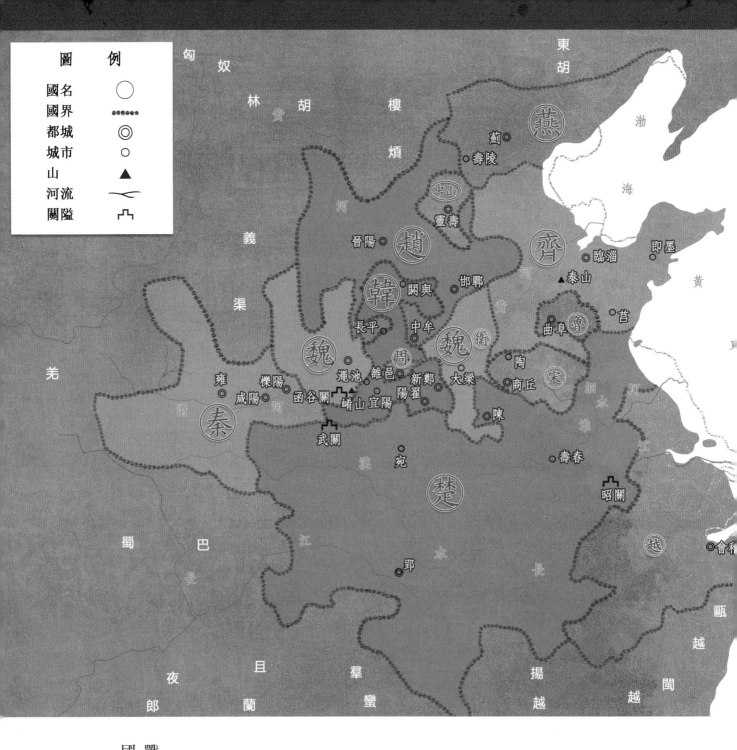

戰國初期列
國疆域圖

圖1

據〈戰國時代的發
展變遷與疆域圖之
研究〉資料重繪

有，佔地比齊平公所轄的還大。

田常生前，大量挑選身高七尺以上的女子做姬妾，人數以百計，田常讓他的賓客、食客隨便出入內宮，不加禁止，用來大量增加私家人口，等田常死時，號稱他兒子的有七十多人。

齊宣公時期（公元前 455 年─前 405 年）

田常去世後由兒子襄子盤接任齊相國。二十五年（公元前 456 年），平公逝，由兒子積繼位，是為齊宣公（公元前 455 年至前 405 年在位）。這時候，知氏、韓、魏、趙四卿主導的晉國，亂事又起，最強的知氏，被韓、趙、魏三家聯合消滅，瓜分了知氏領地。田襄子趁機派田氏族人作為齊宣公轄地的都邑大夫，控制了宣公，又與晉三家互通使節聲援，想藉此良機，佔有齊國。

田襄子去世後，由兒子田莊子白接相國位。

宣公四十三年（公元前 413 年）伐晉，四十四年（公元前 412 年）攻魯，積極對外擴展。四十五年（公元前 411 年），田莊子死，由兒子田和接位，是為齊太公。齊國再出兵魯、衛，均有斬獲。

齊康公時期（公元前 404 年─前 385 年）

齊宣公逝世，由兒子康公貸即位（公元前 404 年至公元前 385 年），康公在位十九年，沉溺酒色，不問政事。

康公第三年（公元前 402 年），田太公與魏武侯會盟於濁澤（今山西運城西），請求周天子封田和為諸侯，列入周室譜籍，並要求各國承認。

齊康公十九年是田和稱諸侯的元年（公元前 386 年）。史上將齊國至

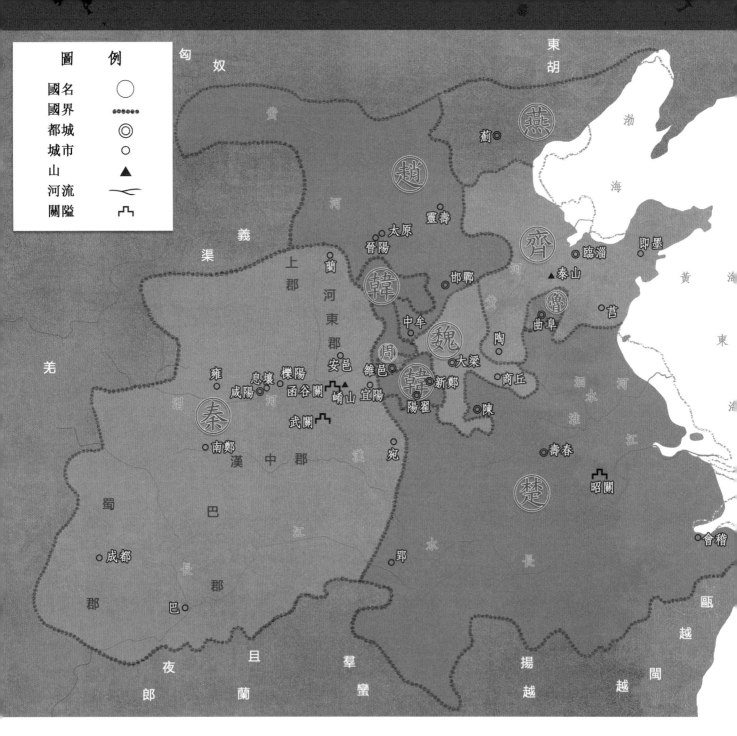

圖例

國名	◯
國界	·······
國都	◎
城市	○
山	▲
河流	～
關隘	凸

匈奴

東胡

東海

燕

薊

渤海

趙

靈壽

太原
晉陽

齊
臨淄
即墨

邯鄲
泰山

韓
黃河

魯
曲阜
莒

黃海

上郡
蘭河東郡

中牟
周
魏
大梁
陶
商丘

雍
息壤
櫟陽
安邑
雒邑
崤山
宜陽
韓
新鄭
陽翟
陳

羌

秦
咸陽
函谷關

武關

南鄭
漢中郡
宛

壽春
楚
昭關

蜀
巴郡

成都

郡
巴
郢

會稽

郡
且蘭

羣蠻
揚越

甌越

夜郎

閩越

戰國時期（公元前三四一—前二七九年）列國疆域圖

圖2

據〈戰國時代的發展變遷與疆域圖之研究〉資料重繪

此視為田齊。其後，田太公將康公遷往海濱，讓康公繼續統治姜氏齊國，直到康公去世，斷了香火，封邑全歸田齊。

齊侯剡時期（公元前 384 年—前 375 年）至田氏齊桓公時期（公元前 374 年—前 357 年）

齊侯田太公和二年（公元前 385 年）去世，田侯剡即位（公元前 384 年至前 375 年在位）。其後，齊田氏內部發生權力之爭，田午弒兄政變而即位，是為田氏齊桓公（公元前 374 年至前 357 年在位）。

田氏齊桓公五年（公元前 370 年），秦魏聯軍攻韓，韓國向齊求救，齊國詐欺韓國，待楚國趙國起兵救韓時，齊國借機攻佔燕國桑丘（今河北保定徐水西南），這算是桓公少有的戰功。

戰國時期，政經的改革，推動了國君禮賢下士，重視人才培養的風氣。桓公在齊國都城臨淄的城西稷門，設稷下學宮，培育人才，影響很大。日後稷下學士輩出，鞏固了齊國。

齊威王時期（公元前 356 年—前 320 年）

十八年（公元前 357 年），齊桓公田午去世，兒子因齊即位，是為齊威王（公元前 356 年至前 320 年在位）。齊威王即位之初，政事都交由卿大夫處理，自己沉迷酒樂，多年不理國政，造成國力下降，吏治敗壞，土地荒蕪，百姓生活困苦。周圍韓、趙、魏、魯、衛各諸侯國，時有侵犯，齊國還多次戰敗割地，形成國弱危亡的局面。幸有淳于髡（音同「坤」）的出現，不顧生死，諷諫威王。終使威王醒悟，一展鴻圖。

淳于髡以國中有大鳥卻三年不鳴作為隱喻，勸誡齊威王，威王聽出弦外之音，就自己說，這隻鳥不鳴則已，一鳴驚人，並從此振作。

首先，威王見到吏治腐敗，決心整頓。當時在朝中，誹謗即墨縣（今山東平度東南）的大夫的批評不絕於耳，但威王派人考察後，卻發現其治理郡縣的績效極好，於是封食邑一萬戶為獎賞。相反的，阿縣（今山東聊城陽穀東北）的大夫，平日在威王面前獲得的讚揚聲不斷，但是威王派人視察，發現阿縣田野一片荒蕪，百姓生活困苦，當趙軍打到甄城時，也不救援，當衛軍攻打薛陵時，也不過問。阿縣大夫政務極差卻受人讚賞，那是因為他買通朝臣的緣故，於是威王將阿縣大夫烹煮正法。從此齊國官吏人人警惕不敢虛浮。

威王還提倡節儉，禁止奢靡，以身作則，不登國君遊樂的柏寢台，反對臣下講究排場，限制民眾穿著錦繡，一改社會鋪張浪費的風氣。

威王善於用人，視人才為寶物。鄒忌以鼓琴指法而進說治理國家的道

理，用音樂的和協、分合的樂理，來講分工與合作的道理。三個月後
鄒忌接受相印，大力改革內政，並用自己與徐公比美的事例，告誡
齊威王不要受人蒙蔽。齊王因此廣開言路，一時群臣進諫，門庭像市
場一樣熱鬧，使齊君受各國推崇。軍事方面，重用將軍田忌、軍師孫
臏，更強化了齊國國力。

威王四年（公元前 353 年），魏惠王包圍趙國都城邯鄲（今河北邯
鄲），趙成侯向齊國求救，齊威王採聲東擊西圍魏救趙的辦法；趁魏
軍攻佔邯鄲，直攻魏國，結果在桂陵（今河南長垣西北）打敗魏軍。
又聯合宋、衛進攻包圍襄陵（今河南商丘睢縣）。

十六年（公元前 341 年），齊國將領田忌大敗魏軍於馬陵（今河南新
鄭東南），殲滅魏軍十萬多人，魏將龐涓自刎，太子申被俘，從此魏

國一蹶不振。

二十三年（公元前 334 年），魏惠王朝見威王於徐州，互相尊稱為王。

二十五年（公元前 332 年），齊國聯合魏國共同伐趙。趙國掘黃河，水淹齊魏聯軍，齊魏撤兵。

齊宣王時期（公元前 319 年—前 301 年）

三十七年（公元前 320 年），齊威王去世，兒子辟疆即位，是齊宣王（公元前 319 年至前 301 年在位）。

宣王處在一個諸王並立的時代。自齊魏「會徐州相王」後，各國陸續稱

王，先有秦惠文王、韓宣惠王，接著趙、燕、中山互相承認為王，擺脫周室控制，成為獨立的王國。強國強兵一統天下的大業，也成為眾國的願望。

齊國自齊威王改革以後，已是東方最強之國，宣王力圖繼承父業。為了實現一統帝國，重用稷下學士，各地名人能士紛紛至此，如鄒衍（陰陽家）、淳于髡（博學者）、慎到（法家）和田駢、接子、環淵、顏斶（音同「畜」）等道家人物，其中七十六人被賞賜宅第，並被任命為上大夫，這些人都從事清談，不務政事，稷下學子日益增多，有數百至上千人。

孟子（孟氏，名軻，字子輿）在齊宣王二年（公元前 318 年），抱著以仁政統一中國的抱負，從魏國到達齊國臨淄，頗受禮遇和尊重。次年，齊王任命孟子為公卿。孟子認為齊國土地廣大，人口眾多，有統一中國

的基礎。另一方面，齊王尊重孟子，又有心請教和嘗試，加上民眾渴望
解除虐政，如渴望解除「倒懸」所受的苦。以孟子的勇氣和信心，有這
樣的好形勢，相信仁政推行起來將會事半功倍。

然而，宣王並未達到孟子的期待。孟子認為宣王之所以不行仁政，主要
是受寵臣奸人的包圍和影響。孟子對於這樣的寵佞小人，表現了極大的
厭惡。有一回，孟子與齊王的寵臣王驩同赴滕國弔喪，一路上不與王驩
言語，一切任王驩獨斷獨行，從不給王驩好臉色。

由於孟子見宣王的次數少，影響小，且宣王無心學善，像容易種的植物，
稍有萌芽，也不能生長，加上一日曝之，十日寒之，自然不能存活了。

六年（公元前 314 年），齊國趁著燕王讓位給燕相，造成國中發生內亂

的機會，出兵燕國。燕國民眾原以為齊軍來救，不料齊國想併吞自己的
國家，面對內亂外患，孟子形容燕國民眾生靈塗炭如陷水火之中，因而
反對，主張歸還擄獲的人民和重器，置君而後離去。宣王沒有接受孟子
的建議，執意攻佔燕國，毀其宗廟，遷其重器，到處燒殺擄掠，與燕結
下冤仇。由於齊宣王不能行仁政，最終孟子棄官離開。

齊宣王身邊除了有孟子進諫應實行仁政之外，顏斶也曾勸諫宣王要謙
卑踏實，尊士、貴士，目的是讓士為維護王者統治而效力，使王者成
為真正的天下至尊。齊王想用豐厚的待遇，聘請顏斶當他的老師。但
顏斶認為這樣的作法，近似收買，有損於他身為士人的尊嚴，於是以
自己喜愛過淡泊的生活為理由，婉拒了齊王。

八年（公元前 312 年），秦、魏、韓三國在濮水之上，擊敗齊軍。次

孟子感嘆
齊宣王無
心學善如
植物一曝
十寒

圖6

《戰國成語與
齊文化》

齊國趁燕國
內亂出兵攻
佔燕國

圖7

《戰國成語與
齊文化》

顏斶以古
代明君樂
於傾聽諫
言為例勸
說齊宣王

圖8

《戰國成語與
齊文化》

年，趙武靈王召燕公子職，護送回燕，是為燕昭王。

齊湣王時期（公元前 300 年—前 284 年）

十九年（公元前 301 年），齊宣王去世，他的兒子湣王地即位（公元
前 300 年至前 284 年在位）。

湣王繼承了祖、父輩雄厚的基業，首先與韓、魏結盟。湣王三年（公
元前 298 年），任孟嘗君為相，聯合韓魏，攻到秦國函谷關，秦求
和，歸還韓魏土地。所以湣王以兼併諸侯，統一天下為目標，廣納雅
言，勵精圖治。連西方實施商鞅變法的強秦，也不敢擅動。

孟嘗君，齊望族田嬰之子田文，因母賤不得寵，且生於不吉之日，相貌
平平，因而倍受歧視，造成性格乖僻。他為實現政治抱負，廣招天下養
士，三教九流皆善待。有食客數千人，列四公子之首，名滿天下。因賓

客協助，獲得襲封於薛地（都城在今山東滕州東南）。齊湣王時，先入秦，後逃回齊國任政。因權勢大，遭湣王驕橫猜忌。其後回薛離齊到了魏國，魏昭王封其為相。

十三年（公元前 288 年），秦派使臣魏冉約齊並稱為帝，是為東西兩帝。齊湣王用蘇秦計，只是接受，但是並不使用。同時，為讓秦免去帝號，蘇秦游說齊、趙、燕、韓、魏五國合縱聯盟。

十四年（公元前 287 年），聯軍進攻秦國，對秦形成壓力。由於齊國對富饒的宋國頗有野心，趁聯合攻秦，即刻對宋進攻，迫使宋國割地求和。

十五年（公元前 286 年），宋王沉溺於醇酒美人，內部矛盾激化，齊國出兵破城，宋國滅亡。

合縱聯盟因各國都有算計，秦廢帝號後，便也瓦解了。齊國在軍事上，因前後南攻楚、西困秦，北戰燕又滅宋，還與其他諸侯抗衡，導致國力衰竭。此時，已是晚年的湣王驕功傲權，好貨好色，唯獨不再尊士，不聽諫言，群賢離散，政風大敗。

十七年（公元前 284 年），燕昭王任樂毅為上將軍，率精銳聯合趙、楚、韓、魏四國共同伐齊，齊國武將觸子不敵，聯軍大敗齊軍於濟水以西（今山東茌平、聊城、禹城一帶）。當時有一將達子，召集整頓了齊國的殘餘部隊，預備與燕軍相戰。然而齊湣王因貪財，不願對拼死奮戰的士兵賞以重金，造成士氣低落。由於缺少支援，齊軍全軍覆沒。燕軍更直搗臨淄，大肆擄掠，齊國重器、寶物盡失，軍民死傷無數，幾乎亡國，真是貪小失大，得不償失。

湣王出逃，最後抵達莒城。楚將淖齒原本率軍救齊，因有勢力，做了齊國宰相，湣王最後被淖齒所殺。這次戰役，燕軍佔領齊國七十餘城，只剩莒和即墨二地。

孟嘗君（左
一）遭齊湣
王猜忌而回
到薛地

《戰國成語與
齊文化》

圖 9

齊湣王
（左）接
受蘇秦
（右）勸
告取消帝
號並聯合
他國攻秦

《戰國成語與
齊文化》

圖 10

左：齊軍全軍覆沒，
中：燕軍直搗臨淄，
右：齊湣王（左）最後
被淖齒（右）所殺

圖 11

《戰國成語與
齊文化》

齊襄王時期（公元前 283 年—前 265 年）

齊湣王死後，他的兒子法章，改掉名姓，躲藏在莒城太史敫家幫傭，
太史女兒見法章相貌奇特，經常賙濟，並暗自結為夫妻。楚將淖齒離
開莒城後，齊國臣民都尋找湣王兒子。法章天性多疑，膽小怕死，不
敢出認，直到事情明朗，才敢面對，是為齊襄王（公元前 283 年至前
265 年在位）。

齊襄王即位，封太史之女為王后，是為君王后，太史敫以女兒不合禮

法而嫁為羞恥，終身不見君王后，君王后為人賢慧且不失子女禮節，並且漸漸在宮中掌握實權。

在齊襄王還未接位之時，君亡土削的危難形勢下，齊人愛國忠君的精神並未泯滅。湣王太傅王蠋（音同「燭」），當年因不滿湣王作風，苦諫無效而歸故里。樂毅攻齊，以高官厚祿力邀王蠋投降燕國。但王蠋以不事二君之志節而自縊，極大鼓舞了朝野。

當齊將亡國之際，恰好有田單的出現，田單屬田氏疏族，安平人，爵位低，資淺小官吏，但懂軍事，精謀略。當初，田單一家逃難，因將車軸延伸部分鋸掉，包好鐵皮，因而免除碰撞，迅速撤離，即可見其善於思考。即墨大夫陣亡後，田單被推為將軍，保城抗燕。

田單用反間計，趁新即位的燕惠王，與樂毅素來不合，宣稱樂毅想等齊國歸附後做王。燕惠王中計，改派騎劫代替樂毅。田單又令城中人飯前祭祖，引鳥類飛翔啄食，香煙裊裊，宣稱有神助之威。接著誘欺燕軍割齊國投降兵卒之鼻，挖齊人城外墳地，齊軍義憤填膺，同仇敵愾，人人都欲出戰。田單更派老弱婦女出沒城牆守衛，富人賄賂燕軍，造成即墨無力再戰的假象，燕軍驕橫疲散，鬆懈鬥志。

田單趁夜晚用身著彩衣的火牛陣突襲燕軍，燕軍驚懼，不知所措，結果潰不成軍，田單率精甲壯士五千餘人隨牛衝殺，燕軍統帥騎劫也被殺死，各地齊人紛紛起義，一舉收復齊國失地。這已是距湣王死後五年了！

齊王建時期（公元前 264 年—前 221 年）

齊襄王五年（公元前 279 年），襄王回到臨淄，繼承了先王尊重賢士的傳統，恢復稷下學宮，以荀卿為學術領袖，用田單為相國，封為安平君。初期復國確見成效，但襄王一再聽信奸佞，與田單時起衝突，相互戒備。十九年（公元前 265 年），田單藉出兵援趙抗秦，勝利後滯留趙國，並一度作為趙國相國，致力於齊、趙友好，終身不負齊

國。這一年，齊襄王去世，他的兒子田建繼位（公元前 264 年至前 221 年在位）。

齊王建六年（公元前 259 年），秦軍攻趙，之前趙向齊借糧不成，害趙軍四十餘萬在長平（今山西高平）被坑殺，秦軍包圍邯鄲。後幸有魏信陵君魏無忌、楚春申君黃歇救趙，方得解圍。

九年（公元前 256 年），秦滅東周，周王朝至此滅亡。

秦昭襄王在位國勢日強，齊國不思綢繆反倒無動於衷，這是受君王后的影響，君王后對秦謹慎，處處事秦，加上齊國地處東部，採自守政策，秦伐魏時，燕、趙、韓、楚紛紛救援，唯齊國拒不出兵。趙國組織合縱攻秦，齊國仍不加盟。齊王苟安現況，在位四十餘年，只圖國安民安，齊國既失道義，又助長秦國威風。十六年（公元前 249 年），君王后死。后勝成為相國，他貪財圖利，少廉寡恥，被秦國收買，更勸說齊國放棄合縱，迎合秦國遠交近攻的策略。當時齊國有識之士極力反對。無奈齊王一意孤行，不予理會。

由於齊王建目光短淺，懦弱無能，不修戰備，手下賓客也多入秦，為秦效力。秦國強大，先後亡韓、魏、楚、趙、燕。齊不助抗秦，秦滅五國更為加速。

唇亡齒寒，四十四年（公元前 221 年），秦軍從燕入齊，齊王投降，被秦放逐到共縣（今河南輝縣），齊國滅亡。

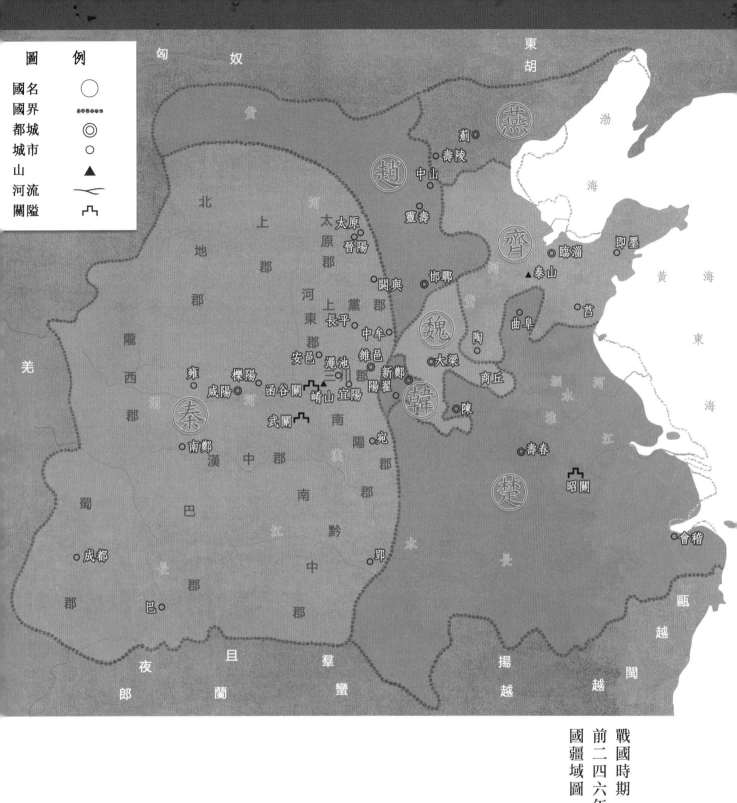

匈　奴

東　胡

燕

趙

齊

魏

韓

秦

楚

越

閩
越

甌
越

揚
越

黃　河

渭　河

漢　水

長　江

淮　水

河　水

泗
水

濟
水

渤　海

黃　海

東　海

北
地
郡

上
郡

隴
西
郡

太
原
郡

河
東
郡

上
黨
郡

三
川
郡

南
陽
郡

南
郡

黔
中
郡

漢
中
郡

巴
郡

蜀
郡

羌

夜
郎

且
蘭

羣
蠻

薊

壽陵

中山

靈壽

太原

晉陽

閼與

邯鄲

長平

中牟

雍

櫟陽

咸陽

安邑

澠池

崤山

函谷關

武關

宜陽

新鄭

陽翟

雒邑

大梁

陶

臨淄

泰山

即墨

莒

曲阜

商丘

陳

南鄭

成都

巴

郢

宛

壽春

昭關

會稽

戰國時期（公元
前二四六年）列
國疆域圖

據〈戰國時代的
發展變遷與疆域
圖之研究〉資料
重繪

圖12

五 齊國君王世系表 （括弧內為在位年份）

（一）姜齊世系表

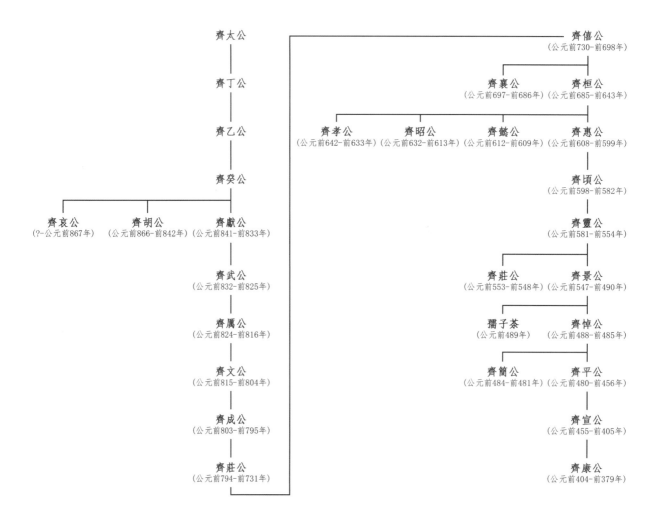

齊太公

齊丁公

齊乙公

齊癸公

齊僖公
（公元前730-前698年）

齊襄公　　　　齊桓公
（公元前697-前686年）（公元前685-前643年）

齊哀公　　　　齊胡公　　　　齊獻公
（?-公元前867年）（公元前866-前842年）（公元前841-前833年）

齊孝公　　　　齊昭公　　　　齊懿公　　　　齊惠公
（公元前642-前633年）（公元前632-前613年）（公元前612-前609年）（公元前608-前599年）

齊武公
（公元前832-前825年）

齊頃公
（公元前598-前582年）

齊厲公
（公元前824-前816年）

齊靈公
（公元前581-前554年）

齊文公
（公元前815-前804年）

齊莊公　　　　齊景公
（公元前553-前548年）（公元前547-前490年）

齊成公
（公元前803-前795年）

孺子荼　　　　齊悼公
（公元前489年）（公元前488-前485年）

齊莊公
（公元前794-前731年）

齊簡公　　　　齊平公
（公元前484-前481年）（公元前480-前456年）

齊宣公
（公元前455-前405年）

齊康公
（公元前404-前379年）

（二）田齊世系表

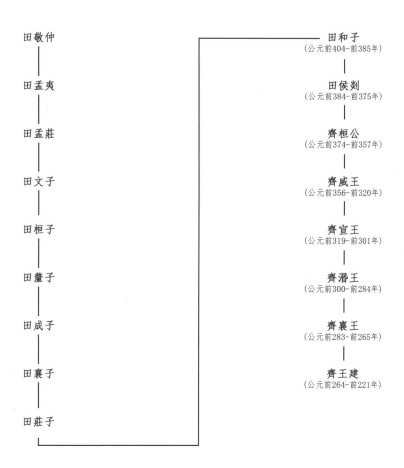

田敬仲

田孟夷

田孟莊

田文子

田桓子

田釐子

田成子

田襄子

田莊子

田和子
（公元前404-前385年）

田侯剡
（公元前384-前375年）

齊桓公
（公元前374-前357年）

齊威王
（公元前356-前320年）

齊宣王
（公元前319-前301年）

齊湣王
（公元前300-前284年）

齊襄王
（公元前283-前265年）

齊王建
（公元前264-前221年）

貳

齊國文化與藝術

齊國是周初分封的諸侯國，在姜太公制定「因其俗，簡其禮，通商工之業，便魚鹽之利」和「舉賢而上功」的基本方針後，在經濟、政治、文化、社會、民眾生活各方面都有了特殊的發展，形成獨特的齊國文化。

齊國文化是多元性的結合，含有古早的東夷文化和商周的夏文化，及在齊國當地發展的文化，是一種交融創新的文化。

它的創新在於能採用開放的態度，尊重原有文化（東夷為主）。因君王們「尊賢尚功」，賢士能人紛紛入齊，形成自由的學風。到了「稷下學宮」的出現，更是思想蓬勃發展，論辯百家爭鳴的時代。

由於齊國重商，財富物資充足，貿易交流頻繁，因此民眾普遍見識較廣，胸懷開闊，生活富裕。在民富國強的環境中，自然人人在生活上講究品質，我們從用品、服飾、建築各方面可見一斑。在精神方面的追求，促成製品精緻，藝術、音樂、舞蹈等活動的普及及素養的提升。最難得的是齊國的為政者，俱有以民為本的胸懷，敬百姓，富百姓，少有干擾，即使在奢靡的社會中提倡節儉，也只有限制民眾使用錦繡而已，而這也合於齊國的服飾制度。

無怪乎孟子初到齊國，即被這東方地大富庶之國吸引，想一展抱負。

一 齊國的美學思想

《考工記》是中國現存最早的關於手工藝技術的書。齊國人所著，成書於春秋末戰國初。文中用的皆為齊國度量衡、齊國地名和齊國方言。內容有木工、金工、皮工、設色（顏料渲染）、刮摩（琢磨器物）、搏埴（陶工製坯）等記述，處處傳達出當時的美學思想，像尺寸比例之美，材質物料之美，造型構圖之美，並且要求美觀要和實用結合。

齊國的工藝美學，源於生活，講究實用，它和傳統與文化是相關的，當時為政者雖有限制或禁止奢侈品的政策，但民間確有製作精緻華麗產品的技巧，民眾也有消費此類「雕文刻鏤」的能力。

在工藝設計上，齊國工匠講求材料的質感，在製品的型式、裝飾上更加用心，而在功能上，設計還要講求便利使用。在顏色方面，《考工記》有設色之工，對顏色的使用及其調和都有規範，在織物或服裝上用調勻的顏料進行描繪，所謂畫繢之事，十分普遍。另外染羽（即將羽毛放入染汁中染色，隨著浸染次數的多寡，染出深淺不同色澤）、湅絲（因生絲含有絲膠，故將絲浸泡於鹼性的溫水中，之後經過白天的陽光曝曬，與夜裡懸浸於井水，如此反覆曝曬與懸浸之後，便能脫去絲膠，使其柔軟潔白）也被重視，追求色澤調和，可見齊人對顏色的運用有獨到之處。

除了調和性，齊人在美感中亦結合了實用性，例如，銅鏡的正反兩面，可以因需求不同而讓兩種材質（含錫量不同）的銅相結合。放食物的陶豆，豆盤有深淺之別，或敞口或帶蓋，圈足上設豆把，這是形制上結合了其他陶型，達到合用的目的，呈現出齊國器物的特色。

淺盤陶豆

圖 13

山東臨淄東夏莊墓地出土

自製線繪圖

深盤陶豆

圖 14

自製線繪圖

山東臨淄東夏莊墓地出土

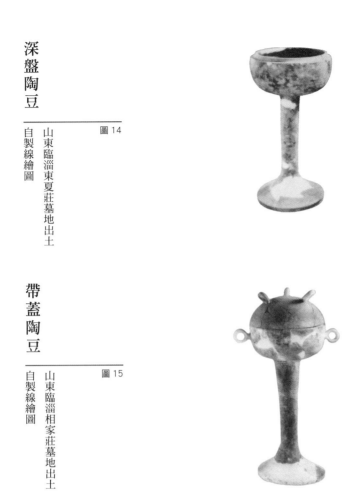

帶蓋陶豆

圖 15

自製線繪圖

山東臨淄相家莊墓地出土

二 齊國的金屬工藝

齊國青銅器藝術歷史源遠流長，早在龍山文化時期（公元前 2500 至前 2000 年）就有銅器出現，在黃海之濱的海岱地區，更是我國青銅器起源的重要地區。齊地在岳石文化時期（公元前 1900 至前 1600 年），曾有青銅冶鑄業的崛起，充分利用範鑄與鍛打的技術，現今出土的有各種銅鏃（編按：箭的尖端部分）、刀、錐等。

銅刀

圖 16

自製彩繪圖

山東泗水尹家城出土

到了商代，齊地也進入青銅時代，青銅器有禮器、樂器、兵器、工具和車馬器等，造型紋飾均帶有中原地區同類器物的風格。這是殷商強勢的影響。在造型上，齊地青銅器多仿陶器，由於技術進步，胎質較薄，節省材料。在紋飾方面，變化和類別也是多樣的，從拙樸單調到繁複精密，處處顯明齊地青銅器的特色。

父癸觚

圖17　山東桓台史家村出土
自製彩繪圖

西周前期的齊國青銅器，頗具殷商之風，但造型上已出現弧線，較為活潑。西周後期，由於天子勢弱，禮制信仰出現危機，因此禮器等重器的製作也較粗略，反倒是生活用品大增，新品亦時有出現像匜（音同「儀」）之類水器，好看亦實用。食器也趨實用，不論長方形的簠（音同「斧」），圓形的豆，蓋與器身型式一致，大小相同，上下對稱，合起來一體，分開來則成兩件，而紋飾變化規整，圖樣典雅，充分體現了藝術性。其他新品如敦、帶流鼎、青銅鑒、異形器等，也表現出創新和創意。

齊侯匜

圖18　上海博物館藏
自製彩繪圖

戰國時期，齊國青銅器科技水平更高，各類型及紋飾變化萬千，各型的壺、犧尊（編按：牛形狀的盛酒器）、鴨尊、鷹首匜、人形燈等紛紛出現，甚至利用金銀寶石鑲嵌，使紋飾變化多樣，更顯高貴。

錯金銀青銅
犧尊

圖 19
齊文化博物院藏
自製彩繪圖

鷹首匜

圖 20
淄博市博物館藏
自製彩繪圖

人形銅燈

圖 21
中國國家博物館藏
自製彩繪圖

齊國的青銅工藝，從先齊時期的範鑄和鍛打開始，在技法上有長足進步，其重要發展包括：

1. 合金的掌握：青銅是銅、錫、鉛的合金，齊人能在不傷質量的前提下，合理摻入鉛，以節省昂貴難得的錫，能根據不同性能的器物，採用不同合金結合，達到更佳的效益，像黃銅的鍛鍊需加入鋅，技術更深。

2. 金屬細工的運用：鎏金和鑲嵌技術是一成就，對提升美感，凸顯尊貴精緻，有加成之效。

3. 焊接技術的成熟：齊國有了焊接的技術，青銅器得以分鑄，在不同的陶範中澆鑄即可，再行焊接成型，大大提升了生產量，尤其兵器、錢幣和動物造型的器物附件等。

4. 印模製範法的使用：這種技法是從傳統塊範鑄造的基礎上發展而來的，先製規格化的模具，然後可以翻印出無數同樣的範，像具繁雜花紋的花紋範，製造時可將範拼接，再壓印，不再重複雕刻，大量節省工時和人力。

5. 脫蠟鑄造法的採用：脫蠟法又稱失蠟法或熔模法，起源於春秋中晚期，齊國使用純熟，以熔點低的材料做模，可達到精密的要求，各類複雜器形均可採用，並且品質可得到提高。

6. 疊鑄法的出現：將多個範塊或範片疊合裝配，由一個共同的注口澆注，一次可獲多個鑄件。此法最早用於齊國刀幣製作，成為領先的標誌。

7. 對冶鑄溫度的控制：經驗豐富的老匠人，用肉眼觀測高溫的技術，是世上最早在冶金工藝中，能依熱輻射的顏色變化來判斷是否達到所需的高溫，這也是齊人在金屬工藝上的成就。

青銅的運用，齊人已達出神入化的境地。中華民族遠在殷商時代就有鐵的冶煉，使用不多。春秋時期，鐵製品仍然罕見，十分珍貴。到了戰國時期，鐵器的大量使用，居然還改變了歷史環境。

鐵器的硬度遠高於銅器，雖然銅劍也可以由複合金屬鑄成，含錫少的青銅為劍脊，提高韌性，不易折斷；含錫多的為劍刃，加強硬度，以增殺傷力。但是鐵製刀劍武器完全改變了戰場情況，殺人盈城，殺人盈野，是戰國常見的場景。齊國在鐵器的使用也跟得上時代，除武器製造，最具特色的是將鐵的應用放在農具的大量生產上，對開墾土地農耕起了極大的助力。農業有了空前的改觀，農民的收益因而改善。此外，有了鐵製工具，各項工程也如虎添翼，例如水利設施施工效率大為增強。

三 齊國的陶器藝術

齊地製陶歷史悠久，後李文化時期，已經燒出比較成熟的陶器，所以中華文化可以推前到八千年了。

陶釜

圖 22

自製彩繪圖

山東臨淄後李文化遺址出土

齊國有製陶的淵源，因此從業者多，作坊分布廣，甚至官方設立「陶正」，管理陶器生產。

齊地大汶口文化的陶器，表現在陶色多樣，有紅、灰、青灰、褐、黃、黑白等顏色，還有鏤孔的出現也是特徵，紋飾豐富技法嫻熟。其中以白地繪黑、紅兩色和紅地繪黑、白兩色的紋樣最為常見。另外，大汶口文化有白陶的製作，這是因原料的關係，但技術上也可燒成淺黃、橙黃、粉紅等色。

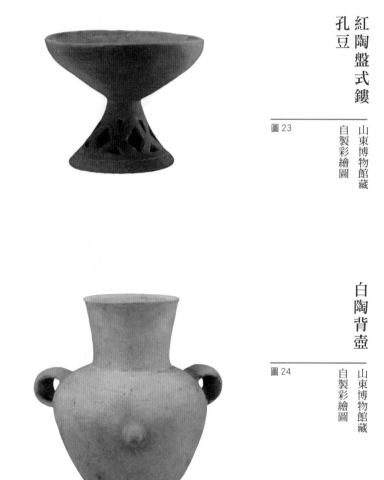

紅陶盤式鏤
孔豆

圖 23

山東博物館藏
自製彩繪圖

白陶背壺

圖 24

山東博物館藏
自製彩繪圖

齊地龍山文化製陶又有進展，以黑陶為大宗（編按：即黑陶的數量較多），製作上除用泥條盤築，已普遍使用輪製技術，因而提高了品質和產量。陶器的應用仍以生活之需為主，炊具、食器、水器、酒器為最多。龍山文化時期，較罕見的是蛋殼陶，因器壁薄，易破碎，今出土物中極少。

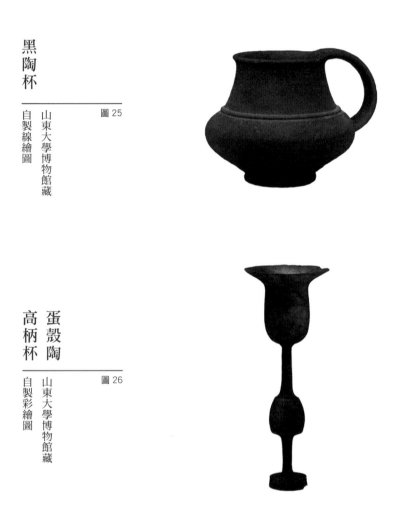

黑陶杯

自製線繪圖　山東大學博物館藏　圖 25

蛋殼陶
高柄杯

自製彩繪圖　山東大學博物館藏　圖 26

齊國在戰國時期，原有的活人殉葬已改為陶俑木俑替代，因此有舞樂俑、雜技俑、侍俑等出土，造型優美，但胎質製工都較粗糙。相對的，陶製禮器就較講究，仿青銅器式樣，有雲紋、雷紋裝飾。陶製禮器除了作祭祀品使用，也有作冥器隨葬之用。而此風氣在齊國發展起來。冥器種類上更添加了陶倉、陶灶、陶馬廄、陶豬圈等。

陶製的產品除了生活用品，還有許多用於生活布置的擺設，各種動物、飛禽的姿態造型，可增加景觀的美感和生氣，亦是一種生活樂趣。另外，陶製樂器也是一項，戰國時期，齊國吹奏樂器「陶塤」（音同「熏」）為泥質灰陶，質地堅硬，製作精緻。音孔修飾規整，想來，在音律上已有準則。

陶塤
圖 27
山東章丘女郎山出土
自製彩繪圖

在建材上，齊國亦大量使用陶製品，像磚瓦、地板、筒管等，而屋檐上的構件，瓦當最具特色，有美麗花紋，有多種色彩，圖案以動物植物形象為紋，也有以人物構圖，甚至出現有文字紋的瓦當，表現出當時信仰、思想、美學等豐富的信息。

樹木雙馬紋
瓦當

圖 28
據《齊國瓦當藝術》
自製彩繪圖

在器種上，除了仿銅器外，主要為生活用品。較具特色的有陶壺和陶敦。齊壺多鼓腹或橢圓腹，有裝水裝酒之用，肩部有環鈕，看來生動，不拘一格，壺形多樣變化豐富。陶敦是一種新品，作盛食或蒸食之用。器身扁圓，有環形足或獸蹄足，敦有上下對稱或不對稱的造型，很能體現創新的意識，給人大氣沉穩的印象。

陶壺

圖 29

自製線繪圖

山東臨淄東夏莊墓地出土

陶敦

圖 30

自製線繪圖

山東臨淄相家莊墓地出土

在陶器紋飾方面，從先齊出土的陶製品上，已經可以看到從表面磨光，或加施陶衣，使陶器外表光亮以達彩色變化的效果，技術十分嫻熟。而紋樣亦多，像植物、動物、幾何圖案、人字形、水波紋、鋸齒等形象，多彩多樣。戰國齊地生產的陶器技巧更高，像暗紋陶、蛋殼陶等，更難得的是，陶製品的紋飾帶有地方色彩和貴氣。

四 齊國的服飾藝術

齊地自然環境適合種植桑麻，是最早的絲織中心，自古紡織業充分發展，還能輸出各地。中國冠服制度建立極早，周代更臻完備，等級、身份、尊卑貴賤，在衣裳上均有區分。而齊國的服飾色彩均能染織生產，黃、紫、朱、綠、青、黑、白，在各類絲帛、麻布、葛布上應用無礙，而染料多用染草，是植物性染料。絲織品中的絹、羅、錦、綾，更能有刺繡的紋飾。

由於桑蠶絲織得到官府的重視和扶持，成長快速，連帶相關產業也因而興起，如印染、畫績（畫花紋）、繡繪、製衣、商品市場、織品運銷等。

齊人除有服飾的需求，更追求首飾和佩飾的美，這些組成部分，多彩多樣，材質有骨、角、玉、蚌、金、銅等，隨著不同階級、不同身份，賦予不同的意義，有宗教性、有品德性、有社會性和純美感性等。基本上首飾和佩飾以貴重精緻為考量，是隨身的珍品，當時的風尚。

服飾影響人們的生活，在禮制上講求身份地位，君臣、官民、男女、妻妾，都有區分。在工作上追求便利性，軍兵、農牧、商賈，穿著各有不同，著重於實用性質。而最重要的是，服飾的功能還可以傳達對美的觀感，顯現出生活藝術與品味，服飾有質料、有式樣、有色調、有紋飾、有配飾等的搭配和變化，充分發揮出個人的喜好和美感。從出土的陶俑彩繪上，我們可以看出齊人的服飾，很有地方色彩，多細點紋飾，多雙邊袖緣，和其他地區的服裝大異其趣。服飾是生活美學中不可或缺的項目，同時也延伸到日常生活用品、器物、空間、飲食、娛樂等，產生互動和提升。戰國齊人的美感發展，是有良好環境的。

陶俑

陶俑

五 齊國的音樂藝術

戰國齊人另一項精神面的「美」，在於追求音樂與舞蹈上的享受。藝術的發展，由淵源傳承、倡導教化、經濟基礎和社會風氣等因素造成，或稱為藝術環境。

齊國在立國之初就「因其俗、簡其禮」，對先齊的東夷人的文化、音樂、舞蹈，採寬容和尊重的政策。東夷族群善歌愛舞，活潑的傳承，影響了齊國藝術精神風貌，齊國的俗樂新聲最能代表。

齊國在宮廷音樂的「韶」，相傳也是東夷之作，虞舜（古東夷族人）所編製的韶樂非常優美、宏偉，音律曲調十分動聽，能表現舜的大德。齊國的韶樂，由樂、歌、舞三部分構成，融為一體，「詩言其志，歌詠其聲，舞動其容」是綜合形式，讚賞君王的德政，歌盛世太平的

場景，頌齊國的富庶強大。音樂中「鐘磬齊鳴，鼗（音同「陶」）鼓頻擊，排簫喤喤，琴瑟簫管共諧」，尤其是打擊樂器能展示古人金聲玉振的氣勢。

舞者端莊文雅，服飾大方，舞姿優美，彩衣紋飾，長袖交橫，翩翩起舞，常以樂器為舞具，充分體現藝術性和天人合一的境界。早在春秋時代的孔子，看了聽了，也讚歎說盡善盡美。而孔子的觀點更著重於韶舞樂，集禮、德、美於一體，可達到「克己復禮」的教化，這也是雅樂的功效。

宮廷之樂，演奏典雅純正，專事祭祀之用，是為雅樂，這是周朝以來的禮樂制度。另外，供宮廷宴飲娛樂之樂，是為燕樂。兩者均可配合舞蹈，只是風格相異。樂師、樂器規模都有區分，以顯身份地位。雅樂樂舞「天子用八」，是最高規格的八佾，佾是指樂舞的行列，一佾為一列八人。天子可享六十四人表演，「諸侯用六，大夫四，士二」，不可僭越。齊國的燕樂到了戰國時期，已擺脫禮樂的束縛，樂隊的編制、表演形式、演出場合都不受拘束，內容豐富，式樣多，很有感染力。在規模上更追求恢宏壯麗，參與樂舞人數有達三五百人者，令人歎為觀止。從國君齊景公浸淫燕樂，曾被癡迷不眠的軼事，可知一二。

齊國人喜愛音樂，上自君主，下至百姓，且有管仲、晏子之流提倡，稷下學者呼應，因此民間吹竽鼓瑟擊筑彈琴比比皆是。這充分顯示了，當時齊國民間音樂的普及和廣泛。民間的音樂有別於宮廷音樂，以俗樂稱之。但齊國君王中不乏有喜愛俗樂者，諸如齊桓公、齊景公、齊威王、齊宣王、齊湣王等。

齊國俗樂內容豐富，有讚狩獵的、有頌愛情的，還有諷刺君王的、怒罵為官者的。齊國民歌又以「好諷」和「善哭」的風格最為鮮明，諷亂、諷淫、諷無禮等，很有現實性；曼聲長歌的哭調，為戰爭、死亡、人生苦短而歌，哀傷的唱腔，形成聲調悲涼，曲折徘徊，一彈三歎的感覺，成為齊國民間音樂的特色。

齊國音樂盛行，樂器形式也多樣化，金屬製作的有鐘、鎛、鈴、鉦、鐸、鐃等。鐘中，有大小不同的鐘掛於同一木架上的是編鐘，用木錘或木棒敲擊，是古代打擊樂器。研究發現，在同一鐘體的正面和近側處敲打，會發出不同音調，半音也因此可得。另外，鐘被設計成扁圓，像兩片瓦合起來的形狀，橫切面看似一隻眼睛。鐘身有「枚」（或稱鐘乳），因而振幅不會產生干擾，適於演奏。一組完整校過音律的編鐘，音階完整，可演出現代的曲目。

鐘

圖 33
山東章丘女郎山出土
自製彩繪圖

單個的鐘稱鎛，底部口成平型，單獨懸掛，聲音較為悠長，是用於製造氣氛的響聲。

鎛

圖 34
山東章丘女郎山出土
自製彩繪圖

銅製樂器在齊國應用多，不僅顯示戰國時期青銅冶鑄的工藝水平，還反映出音律精準的要求。

玉石類樂器有磬，編磬是將若干大小厚薄不同、形狀像曲尺的磬石，編成一組，掛在木架上敲擊演出，聲音清脆悦耳，優美動聽。

磬
圖 35
山東章丘女郎山出土
自製彩繪圖

齊國較有特色的樂器有竽和筑。竽的型式類似笙，竹管尺寸較大，是春秋戰國重要樂器。齊宣王特別喜歡竽的合奏，曾聘用樂師達三百人的大樂隊，氣勢很大。筑是用竹尺敲擊發音的一種弦樂器，在齊國廣泛流行。還有笛和箏在戰國時期的齊國也都有出現。

陶製樂器，則有陶塤，而韶塤是當時演出韶樂所用的樂器之一。另外，還有陶響器，形似龜，體中有泥丸，搖動腹中泥丸撞擊而發聲，是節奏用樂器。

齊國的音樂美學學者眾多，管仲認為仁義禮樂皆出於法，音樂的美必須與法及道德合一，把音樂視為政治工具，教化的手段。晏嬰認為聲音的最高境界在於和諧，單一的聲音是不良樂音，好聽的音樂是由不同的音高、音律、節奏組成，能對比、調合、相輔相成，協和統一。孟子主張仁言不如仁聲，認識到音樂對人的感染力，有強大教化作用，可潛移默化，具有深入人心的效果。荀子肯定音樂可陶冶情操，有修身養性的妙用，還指出音樂能鼓舞士氣，提高戰鬥力的效果。

綜合言之，齊國有良好的藝術環境，方有蓬勃的音樂發展。

六 齊國的舞蹈藝術

在黃河下游的齊地，居住的東夷族人，極早就有了舞蹈和勞動的生活，和自然界的鬥爭、對圖騰的崇拜、對神靈的酬謝，都有舞蹈形式的呈現。齊地先民喜群舞，且以鳥為圖騰，多以崇拜玄鳥為題材，而後對君王英雄加以神化，以舞蹈稱頌。先齊對後世影響最大的莫過於虞舜的《韶》樂舞蹈，和歌頌黃帝的樂舞《雲門》，頌揚帝堯的《咸池》，並稱三代樂舞。

齊國上層君王的喜好，大力推展了民間舞蹈，民間歌舞流行的有男歡女愛的情感，和艱苦勞動的題材。觀賞者都能陶醉於情愛的歡欣，也能體驗工作的辛勞，對婆娑起舞的生動形象，產生依戀及共鳴，並深深喜愛。

民間祭祀的舞蹈在齊國也極普遍，宗教性質極濃，求雨、求子、驅魔、趕鬼、求豐收、保健康，都會有不同形式的舞蹈出現。「儺」便是一種打鬼避邪的舞蹈表演。

民間舞蹈也是一種綜合藝術。舞姿舞樂以外，舞者容貌打扮，穿著的服裝，行止特徵，都容易讓人模仿，帶動流行。故事性舞劇，更能傳達情感思想，鼓舞民心士氣，有教化功能。齊國舞蹈影響久遠，對當代舞蹈藝術也有莫大的啟發。

舞蹈陶俑

圖36
齊文化博物院藏
自製彩繪圖

結語

齊文化是中華文化的重要組成部分，先齊東夷文化歷經北辛文化、大汶口文化、龍山文化等，距今約有七千年，倘從後李文化計算，約有八千年歷史。

齊國自建立以來，曾為春秋五霸之首，又為戰國七雄之冠，在文化上取得突出的成就，具有獨特的風格。

齊國的興衰均源於君主和臣民，有賢明國君，能廣羅各方人才，舉賢尚功，政治清明，國勢自然強盛，齊威王、齊宣王時期便是代表。齊國能成為強國、大國，還在於人才的培育。稷下學宮前後開辦一百四五十年，人才輩出，「不治而議論」的學子來自各國，在開放自由的學術環境中，思想家、政治家、軍事家、經濟學家等不勝枚舉，造就了齊國的偉業。

齊國的經濟早在太公立國之初就「通工商之業，便魚鹽之利」，傳統工業、織繡、冶鑄、製陶等十分發達，管仲因地因勢制宜，政策便民務實。齊國商貿活躍，交通四通八達，將各類齊地產品輸往諸侯列國，官方將某些物產實行部分專賣（例如食鹽），使齊國財力大增，商人亦獲其利。齊國在戰國時期，生產豐富，社會富裕，城市繁榮，人民生活安定。綿綿八百年，齊國是東方富庶的大國。

附錄──延伸閱讀──春秋戰國的生活與用具

農業發展

作者：李思潔

中國以農立國，農民自古看天吃飯，辛勤耕作後，仍需要天氣穩定，才能夠歡喜收穫。戰國時期，人民的生活，明顯地比西周時期穩定得多。原因是，這時期的農業發展，比西周時期，具有三方面的有利因素：第一，採用了鐵製的農具；第二，利用牛來協助耕田；第三，增加和改良了水利建設。

鐵製農具的生產

考古學家在 1972 年和 1977 年，分別在河北藁（音同「稿」）城和北京平谷劉家河商代墓葬遺址中，出土了用隕鐵鍛製的鐵刃銅鉞，可見，中華民族在商代已經有冶鐵技術了。

《詩經》中有「駟驖（音同「鐵」）孔阜，六轡在手」的話，當中的「驖」字，是指鐵灰色的馬。《詩經》的內容，都是出自西周和春秋相交時期的民間歌謠，因此可見，當時的人民對鐵的顏色已經很熟悉，鐵可能已經是當時生活中常見的東西了。

在春秋早期，人們已經掌握冶鐵技術了。在《吳越春秋·闔閭內傳》中，便記載了吳國用三百個童女童男，鼓動風囊，熔化鐵液的冶煉技術。在《國語·齊語》中，有管仲的話：「美金以鑄劍戟，試諸狗馬；惡金以鑄鉏（音同「除」）、夷、斤、劚（音同「竹」），試諸壤土」。當中的「美金」指的是青銅，「惡金」指的便是鐵了。1957 年，在甘肅靈台景家莊出土的「銅柄鐵劍」，便是春秋早期的製成品。

春秋時期，鐵製品仍然珍貴；到了戰國，它已經相當普及了。尤其是在戰國中後期，鐵製品已經是普通家庭中常見的東西了。據《管子·

海王》描述，當時的齊國「一女必有一針一刀，耕者必有一耒一耜一銚」，當中的耒（音同「壘」）是叉狀的撥土工具；耜（音同「似」）是用於翻土的工具；銚（音同「堯」）是大鋤頭。《孟子》中也有「以釜甑（音同「贈」）爨（國語音同「篡」，粵語音同「寸」），以鐵耕」的話，這話的意思是說，當時大多數人都是用釜和甑煮飯燒菜，用鐵器耕種。由此可見，鐵器在當時是十分重要的。

戰國時期，鐵器的使用不限於中原一帶，還遍及偏遠地區。今天，考古學家在北方的胡貊、南方的百越地區都出土了戰國時期的鐵器。當時，鐵器和銅器都是用「塊範法」鑄造的。圖1是一塊製作鐮刀的陶範（編按：鑄造青銅器的陶質模型）。這塊陶範在河北省的興隆古洞溝出土，在戰國時期，那是燕國的地方。此塊陶範的背後有個把手，正面是製作鐮刀的刀模，每次可以同時製作兩把鐮刀。陶範上面刻了「右廩」二字，應該是鑄範工官的名字。可見，當時的燕國，是由官方機構製造鐵具。

雙鐮陶範

圖1

河北興隆古洞溝出土
中國國家博物館藏
自製線繪圖

已經出土了的戰國時期農業用具有犁（圖2）、鏟、鍤、鐮（圖3）、鋤（圖4）、凹形鋤（圖5）、耙、钁（音同「蕨」）（圖6）、斧、刀等等，已經相當整全了。

鐵犁

圖 2
河南輝縣出土
中國國家博物館藏
自製線繪圖

鐵鐮

圖 3
河北易縣燕下都出土
自製線繪圖

鐵鋤

圖 4
河南輝縣出土
自製線繪圖

凹形鋤

圖5

河南輝縣出土
中國國家博物館藏
自製線繪圖

鐵钁

圖6

河南輝縣出土
中國國家博物館藏
自製線繪圖

牛耕的引進

《國語‧晉語》中有「宗廟之犧，為畎（音同「犬」）畝之勤」的話，意思是說，原作為祭品的牛隻，到了春秋中期，成了人類更好的幫手，幫助農夫耕作。那時候，鐵製的農具已經十分普遍，牛和鐵製的農具互相配合，促進了農業的發展。

牛耕，不單提高了農作物的產量，也提升了荒地的開發率。據《左傳》記載，春秋初期鄭國東遷至鄭州時，鄭州原本是野草叢生的荒地，到了春秋中期，它已經成為繁華的商業中心了。而在春秋初期，還是「狐狸所居，豺狼所嗥」的晉國南部邊境，也被開墾成為肥沃的田地了。

水利的興修

農業發展，需要水利的配合。鐵製工具的出現，也促進了水利的發展。自古以來，興建和修葺水利工程，多數由官方負責。

春秋戰國時期，各國經常發生戰事。在戰爭進行前，交戰雙方會簽訂條約，規定戰事不得危及民生設施，當中，有些條文是關於水利的，例如「無障谷」（不要阻塞河流谷道）、「無壅泉」（不要堵塞水源）和「無曲防」（不要破壞防氾濫的堤岸）等。從這些條文中，我們可以知道，那個時候，中華民族不但已經懂得興建水利工程，而且也很愛護有關的民生設施。

《史記‧河渠書》中有「蜀守冰，鑿離堆，避沫水之害；穿二江成都之中」的記載。它的內容是說，都江堰的岷江上游水流湍急，流到這裡，地勢轉為平坦，江水所挾帶的大量泥沙在這裡淤積，造成河道堵塞，形成河水泛濫。都江堰（圖7）位於今日四川省都江堰市的西部，是戰國時期的水利建設，存留至今，已經被聯合國列入為世界文化遺產名錄。

戰國時期，秦昭襄王命李冰父子興建都江堰，工程分為堰首和灌溉網絡兩部分，將岷江分為內江和外江。外江是岷江的正流，稱為「金馬河」。內江是人工引流，用作灌溉，又名「灌江」。堰首是整個工程最重要的部分，又叫「魚嘴」，是兩江的分水位置。內江的水口寬150公尺，外江的水口寬130公尺，這樣調節水流，令部分江水流出外江，部分流進內江，灌溉農田，達到「平潦旱」的效果。

除了灌溉農田，都江堰也有航運的功能。《史記‧河渠書》中有「穿二江成都之中，此渠皆可行舟，有餘則用溉浸，百姓饗其利」的記載，它的內容是說，岷江和長江都穿過成都，除了可以行船，江水還可以用來灌溉，百姓因此得到糧食。

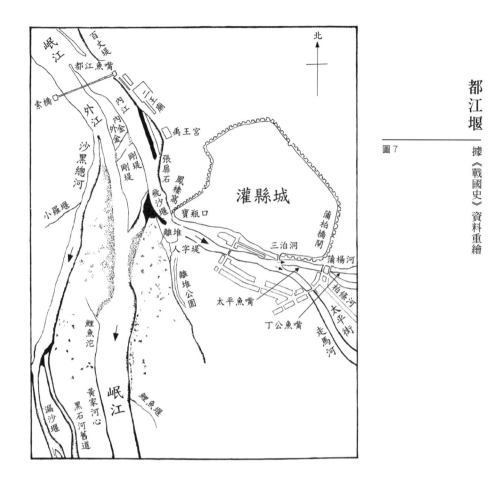

都江堰

圖 7

據《戰國史》資料重繪

成都平原能夠成為「水旱從人，不知饑饉，時無荒年」的天府之國，
和古代蜀地（今四川省）的交通中心，都江堰發揮了極大的作用。

臨淄城

作者：李閑

春秋戰國時代的臨淄城，在今天山東淄博臨淄區。據《史記‧蘇秦列傳》記載，戰國時代臨淄城是一個繁榮的大城市，人口多達七萬戶。「臨淄之途，車轂擊，人肩摩，連衽成帷，舉袂成幕，揮汗成雨，家殷人足，志高而揚。」城內車多人眾，如果將路上行人身上的衣袖張開來，可以圍成一塊大布幕；從眾人身上揮出的汗水，就像從天上灑下的雨。家家殷實富足，個個意氣奮發。

由於齊國財力雄厚，國君們也喜歡大興土木，臨淄被他們建成一個宮殿林立的大都會。

圖 1 是考古學家根據臨淄城現存的遺跡，推考出臨淄城當年的情況。當年的臨淄城分為大、小城兩部分，小城的東北部嵌入大城西南部。大城約在西周中期到春秋早期陸續興建與擴建，是官吏、平民、商人居住的地區；小城約在戰國早期到中期之間建成，是國君居住的宮城。臨淄城的面積大約共有十六平方公里，共有十三個城門，在當時是相當廣闊宏大的城市，可惜，現今只剩下土台和遺址，我們只能想像當時的規模了。

稷下學宮

稷下學宮是各國學者講學和討論學問的地方，它在齊桓公時期開始建造。稷門可能的位置是臨淄城小城的西南門（圖 1）。在齊宣王時期，稷下學宮最興盛，據說那時候曾經有一千多位學者住在稷下學宮，連孟子和荀子都到那裡講學。

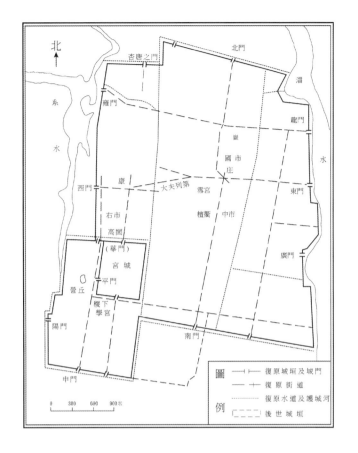

戰國臨淄城推測復原示意圖

圖1 據《齊國故都臨淄》資料重繪

桓公台

春秋時期，春秋五霸赫赫有名，齊桓公是其中的一霸。在臨淄城的小城西北處，有一大片高起的平台，俗稱為桓公台（圖2），據說唐朝時曾經在此興建桓公廟，因此得名。今天的桓公台是一座橢圓形的小土丘，高約十四公尺，周圍有宮殿建築物的夯土和石柱基座的痕跡，考古學家在這裡發掘出一些文物，文物的年代並不相同，從戰國至西漢時期的都有。由此推測，從戰國至西漢時期，此處都是宮殿。

齊都臨淄城遺址平面圖

圖2

據《趙都邯鄲城研究》資料重繪

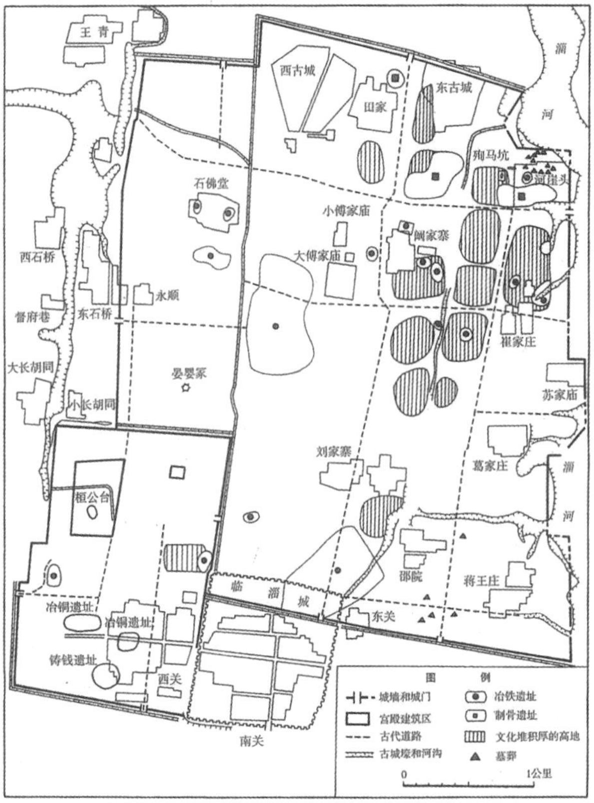

冶鐵工坊

在臨淄城的遺址中，有幾個手工業作坊的遺址，可見，當時齊國的手工業已經相當發達了。其中有冶鐵的作坊（圖 2），作坊內有熔爐，還有鐵塊、鐵條及模具、冶鐵工具等物件。由西周晚期到東漢時期，臨淄城的冶鐵工業都很發達，這和臨淄城西邊有一座盛產鐵礦的鐵山，有很大的關係。冶鐵是齊國當時的重要產業。

戰國中期以後，人們耕作時，以堅固銳利的鐵製農具，逐漸取代從前用石、木和骨製造的工具，大大提高了農業生產的效率。

鑄銅工坊

在臨淄城的遺址中，也發現有鑄銅工坊（圖2），可見當時齊國也有鑄銅工業。考古學家還從臨淄城中發現了一件寶物——錯金銀鑲嵌銅犧尊（圖3）。尊，是用來裝酒的酒器。犧尊，是指動物形的尊。這件犧尊的外形有點像牛，又有點像犀牛，是由不同動物特徵組成的想像性動物。這尊上面鑲嵌了金絲、銀絲和綠松石，可見，當時齊國的青銅器鑄造和鑲嵌技術都很高超。在商朝和周朝，王公貴族們在祭祀神祇和祖先時，會用青銅器盛裝美酒佳餚。由於製作青銅器，需要花費大量的原料和人力，因此，只有王公貴族才能擁有青銅器。從這犧尊華美的外表來判斷，它的主人應該是一個高貴的貴族。

錯金銀鑲嵌
銅犧尊

圖3 ── 山東淄博臨淄區商王村出土
齊國故城博物館藏
自製線繪圖

車馬坑

在臨淄城附近的淄河店，考古學家發現了一個戰國早期的墓穴，包括一個車馬坑。從出土的馬車殘骸，人們可以知道當時齊國馬車的結構（圖4）。由商朝至戰國，大多數的馬車只有一個車轅（音同「袁」），它們被稱為「獨輈車」。「輈」（音同「舟」），是位於車輿（即車廂）前方，略向上彎的車轅。在輈的最前方，有藤條或皮繩連結車的

「衡」與「軛」（音同「厄」），再將軛套在馬的頸後，用皮繩固定在馬的胸前，馬車伕可以通過皮繩來駕馭馬匹。獨輈車至少要兩匹馬來驅動，視馬車的尺寸與規格，有的可能需要四匹馬，甚至多達八匹馬來驅車。圖4是從淄河店中發掘出來的一種馬車，它的車輿寬敞，可以加裝傘蓋；車輿底部用皮革編織而成，乘客可以坐或臥躺；車輿後面有門，供上下車用，這是一輛舒適的座車。

戰國時期，馬車和馬車伕，是貴族或官員才能擁有的。在《戰國策·齊策》中，有這樣的內容：國君擁有千輛馬車，普通的士人只能用腿走路。為了邀請顏斶擔任他的老師，齊宣王用乘車作為酬勞，但顏斶卻不為所動，他寧願把慢慢走路當作乘車，他最後辭官回家時，也是步行回家。

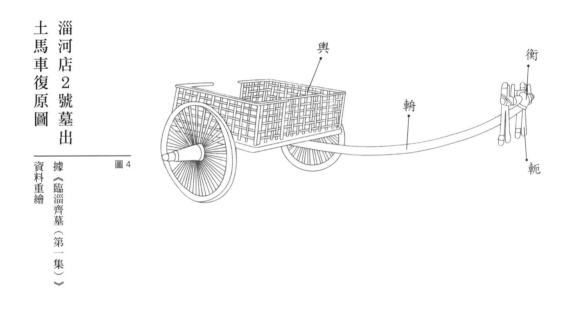

土馬車復原圖　淄河店2號墓出　圖4　據《臨淄齊墓（第一集）》資料重繪

興

衡

輈

軛

瓦當

今天，我們雖然無法看到戰國時期齊國的建築物，但從出土的齊國瓦當中，我們仍然可以想像得到，當時齊國的建築物是如何的華麗美觀。出土的齊國瓦當，紋飾風格鮮明，極具特色，有：龍紋（圖

5）、鳳紋（圖6）、雲紋（圖7）、太陽紋（圖8）、樹木紋等，當中
最具特色的是樹木紋瓦當，也是最常見的齊國瓦當。常見的樹木紋瓦
當，多數用直立的樹木主幹作為構圖的中心（圖9），有些則是樹枝
從樹幹左右兩邊分出，形成對稱的圖案（圖10）。其他的樹木紋瓦
當，還有：曲線造型的（圖11）；向下捲曲狀的；樹木的兩旁有人騎
馬的（圖9），樹下有馬、鹿、虎等動物的（圖10）；加配田格紋、
箭頭紋的（圖11），造型真是多采多姿。

從齊國出土的瓦當，我們可以知道，戰國時期的齊國人，已經很有藝
術品味了。

龍紋瓦當

圖5 ── 據《齊國瓦當藝術》資料重繪

鳳紋瓦當

圖6 ── 據《齊國瓦當藝術》資料重繪

雲紋瓦當

據《齊國瓦當藝術》資料重繪

圖7

太陽紋瓦當

據《齊國瓦當藝術》資料重繪

圖8

樹木、單騎、單馬紋瓦當

據《齊國瓦當藝術》資料重繪

圖9

樹木、雙馬
紋瓦當

圖10　據《齊國瓦當藝術》
資料重繪

樹木、雲、雙目、
箭頭紋瓦當

圖11　據《齊國瓦當藝術》
資料重繪

貨幣

作者：李閑

古時候，中國人的交易，多以物易物。之後，由於鏟、削刀、玉璧和紡輪比較貴重，於是用來交換其他物品。後來，有人發覺漂亮的貝殼不但珍貴，而且體積小，重量輕，攜帶方便，用來交換其他物品比較方便，因此，貝殼便成為了中國人最早期的貨幣。

銅鑄的貨幣，是在春秋晚期才開始出現的。到了戰國時期，諸侯國之間貿易頻繁，貨幣的使用率很高，流通的貨幣，除了銅鑄的，也有用黃金鑄造的。最初，各地方流通的銅鑄貨幣形式並不統一，有鏟形的布幣，有像削刀一樣的刀幣，有圓形的圜錢，也有模仿貝殼形狀鑄製的銅貝幣。

由於各國貨幣的外形和幣值都不相同，交易起來有很多不便，因此，人們便想：如果大家都用同一種貨幣，這樣，做買賣的時候便方便得多了。當時，秦國使用的貨幣是圜錢，在秦國滅六國的時候，圜錢便流通到各地方去。由於外圓內方的圜錢，形狀簡單、輕巧，容易鑄造和攜帶，也不容易磨損，因此，它逐漸地取代了其他國家的貨幣，成為統一的標準貨幣並沿用了兩千多年，直到清朝，貨幣仍然保留著外圓內方的圜錢形式。

刀幣

刀幣，在戰國時期，是齊、燕、趙三國的主要貨幣。

刀幣的外表像一把削刀，尾端有一個圓環，可以用繩子連成一串。刀幣上常常鑄有文字，如「齊法化」（圖1）、「齊之法化」（圖2）等，

意思是齊國的法定貨幣。也有學者將「法化」二字釋為「大刀」。

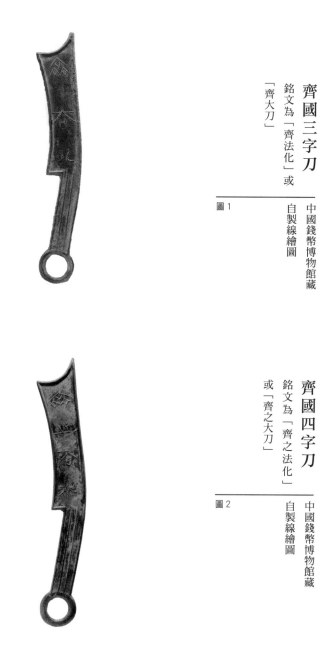

齊國三字刀

銘文為「齊法化」或
「齊大刀」

中國錢幣博物館藏
自製線繪圖

圖 1

齊國四字刀

銘文為「齊之法化」
或「齊之大刀」

中國錢幣博物館藏
自製線繪圖

圖 2

布 幣

布幣，在戰國時期，是趙、魏、韓三國的主要貨幣。

布幣，像一把農耕用的鏟子（圖 3、4、5）。它們的表面常常鑄有地名

和幣值，例如「安邑二釿（國語音同「銀」，粵語音同「跟」）」（圖5），表示這是在魏國安邑城中鑄造的，幣值為二釿。由於鑄造的時代和地點不同，布幣的外形、尺寸和重量也會有所不同。

根據考古學家的資料，戰國時期，同一種布幣，鑄造的地點竟然遍佈各地，由此可見，當時各國之間的商業活動頻繁，貿易範圍廣泛，有必要鑄造他國的貨幣，作交易之用。

趙國圓首圓足三孔布
銘文為「雁即」

圖3
中國國家博物館藏
自製線繪圖

韓國平首方足布
銘文為「唐是」

圖4
中國國家博物館藏
自製線繪圖

銅貝幣

　　自春秋時期開始，楚國便通行銅鑄的貝幣。銅貝幣分為「蟻鼻錢」和「鬼臉錢」兩種。

　　「蟻鼻錢」的表面鑄有「紊」字，看起來像螞蟻（圖6）。有學者說，紊字是由「各」、「六」、「朱」三個字疊成，另有人說它是由「各」、「一」、「朱」三字疊成，也有人說它是由「聖」、「朱」二字疊成。各家的說法雖然不相同，但都說「蟻鼻錢」跟「朱」字有關連。朱，即是「株」，是貨幣的單位。

　　「鬼臉錢」的表面鑄有一個「巽」（音同「訓」）字（圖7），「巽」字可能是古代「貝」字的異體字，乍看之下，好像一個鬼臉，因此被人稱作「鬼臉錢」。

85

金版

春秋戰國時期，黃金主要出產於長江流域，以楚國最多。由於黃金不易氧化，延展性強，一直以來都受人們喜愛，因此，黃金的流通遍及各國。

當時，楚國的金版是一種「稱重貨幣」，即是說，大塊的金版可以切割成小金塊，用秤來稱它的重量，以決定它的價值。金版上常常印有數十枚圓形或方形的印記，印記上刻有文字，稱為金版。常見的金版有「陳爯（國語音同「稱重」的「稱」，粵語音同「稱呼」的「稱」）」（圖8）和「郢爯」（圖9）兩種。陳，即今天河南省的淮陽縣。郢，是當時楚國的都城，在今天湖北省的江陵縣。爯是稱重量的意思，

「陳爰」表示這金版曾經在陳地被稱過重量，陳地的官府會擔保它的重量和成色。「郢爰」則表示它曾經在郢地被稱過，受郢地的官府擔保。

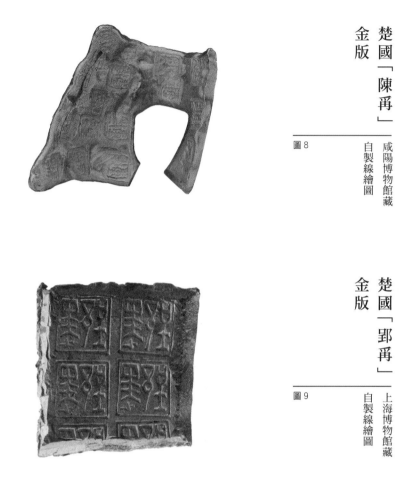

楚國「陳爰」
金版
咸陽博物館藏
自製線繪圖
圖 8

楚國「郢爰」
金版
上海博物館藏
自製線繪圖
圖 9

圜錢

圜錢，在戰國時期，主要在秦、魏、周等國流通。

圓形的圜錢，可能是仿照玉璧或紡輪製作而成。早期，圜錢中間的孔是圓形的，後來，才改為方形。一般的圜錢，表面上會有銘文，說明圜錢的出產地或幣值，例如在魏國鑄造的圜錢上，經常看見「共」字或者「垣」字（圖 10），「共」和「垣」都是當時魏國的地方名字；

而在秦國的鑄幣上，則常常出現「兩甾」（圖11）或者「半兩」字樣，「兩甾」和「半兩」都是重量單位，「兩甾」等於「半兩」的重量。

秦統一天下之後，鑄有「半兩」的圜錢（圖12），成為全國通行的標準貨幣。

魏國圜錢
銘文為「垣」

圖10

中國錢幣博物館藏
自製線繪圖

秦國圜錢
銘文為「兩甾」

圖11

浙江省博物館藏
自製線繪圖

秦國圜錢
銘文為「半兩」

圖12

遼寧省博物館藏
自製線繪圖

鑄幣錢範

鑄幣所用的模具稱為「錢範」。錢範依材質分類有陶範、石範（圖13），以及銅範（圖14）。在鑄造刀幣所用的石範上（圖13），有淺淺的刀幣形狀的凹槽，槽內刻有翻轉的文字，工匠將青銅溶液倒入模具的凹槽中，冷卻凝固後，在取出的刀幣的表面上，就會看見槽內的文字了，每次，可以同時鑄造幾個錢幣。鑄造蟻鼻錢的銅範也是可以同時鑄造多個錢幣，十分省功夫（圖14）。

齊刀石範

圖 13　中國國家博物館藏
自製線繪圖

蟻鼻錢銅範

圖 14　上海博物館藏
自製線繪圖

銅鏡

作者：李思潔

春秋戰國時期的名著《莊子》中有一段和鏡子相關的話：「至人之用心若鏡，不將不迎，應而不藏，故能勝物而不傷。」莊子的意思是：「最高境界的人，內心就好像一面鏡子那樣清明。他不會打擊他人，也不會逢迎他人；他對事物有回應，但是不會隱藏。所以，他能夠在取勝的同時避免受傷。」

莊子用「至人」來稱呼最高境界的人，他用明鏡來向人們說明「至人」的內心世界。可見，當時鏡子已經廣泛地被人們使用。莊子認為用明鏡來作比喻，可以讓人明白什麼是「至人」。

傳說在黃帝時代，黃帝鑄造了十五面鏡子，這件事是不是真的？目前還不能證實。不過，在 1977 年，在青海省的馬台齊家文化（公元前 2200 年至公元前 1800 年）遺址中，已經找到了銅鏡。這是一個新石器時代晚期的遺址，可見，當時中國人已經在使用銅鏡了。

銅鏡的材質與鑄造

銅鏡是用青銅合金製造的。青銅合金是銅加入錫或鉛冶煉而成的金屬。

春秋戰國時期雖然動盪，但生產力興盛，文化及藝術發展繁榮。當時銅鏡的鑄造水平高超，裝飾精巧。銅鏡的外形有圓形和方形兩種，圓形比較多。

銅鏡的構造如圖 1 所示，分為鏡面、鏡背兩面，鏡背又由內而外分作鈕、鈕座、內區、外區及緣部（圖 1）。

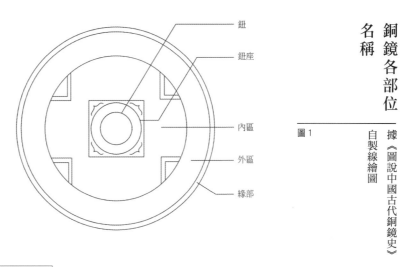

銅鏡各部位
名稱

據《圖說中國古代銅鏡史》
自製線繪圖

圖1

銅鏡的紋樣

春秋戰國時期的銅鏡紋樣，依照內區的紋樣（又稱主題紋樣）來分類，
分為素面鏡、純地紋鏡、幾何紋鏡、動植物紋鏡和特殊工藝等五大類。

一 素面鏡類

春秋和戰國早期的素面鏡多數是圓形的，方形鏡較少。這類鏡的鏡背
上只有弦紋，或者完全沒有裝飾。

素面鏡

山東省文物考古研究所藏
自製線繪圖

圖2

二 純地紋鏡類

戰國中晚期，純地紋鏡盛行。這類鏡的外區有重複、連續的紋飾，常
見的紋飾有羽狀、變形羽狀及雲雷狀。製作純地紋鏡的方法，是使用

刻有紋飾的小模刻印，在四周連續刻印，範痕明顯，排列整齊。

羽狀地紋鏡

圖 3

自製線繪圖

山東省文物考古研究所藏

雲雷紋鏡

圖 4

自製線繪圖

山東省文物考古研究所藏

三 幾何紋鏡類

戰國中期，出現幾何紋鏡。當時的幾何紋鏡，以山字紋飾的較為流行。由於這類鏡多數出現在湖南地區，所以又稱為「楚式鏡」。在臨淄一帶所發現的山字紋鏡，都有四個山字圍繞著鈕座。這紋飾有求仙問道、延年益壽的含意。當時流傳黃帝升仙、周穆王西征會見西王母等神仙故事。由於人們認為仙人居住在山中，如西王母居住在崑崙山上，因此，鏡上的紋飾好像一個「凸」字，代表高聳入雲、陡峻而遙遠的仙山。

四山鏡

圖5

山東省文物考古研究所藏
自製線繪圖

四 動植物紋鏡

在戰國時期，出現了動植物紋飾的銅鏡，花葉紋、龍紋、虎紋都常出現在鏡上。

1. 花葉紋鏡

以花葉作為紋飾的鏡子上，一般有三葉、四葉或多葉為主要的紋飾，再用羽狀、雲雷紋、渦紋或碎點作背景襯托，紋飾的佈局和排列比較整齊。另外，有外圓內方的佈局，以表示「天圓地方」的宇宙觀。花葉由方形鈕座向外延伸，表現出植物根植大地，向天空生長的姿態。

方格四葉紋鏡

圖6

山東省文物考古研究所藏
自製線繪圖

2. 禽獸紋鏡

1996年，出土了一面四獸紋的圓鏡，鏡上有四隻老虎圍繞著鏡鈕，作同方向排列。銅鏡的中心有山字紋，代表老虎在山中行走，這是當時人民觀察大自然所得的產物。

四獸（虎）鏡

圖7

自製線繪圖

山東省文物考古研究所藏

3. 龍紋鏡

戰國和漢代的鏡子都流行以龍紋作為裝飾，龍紋銅鏡的種類多，而且紋飾複雜多樣化。考古學家把較具體的龍形象紋飾稱作龍紋，把較細碎抽象的紋飾稱為蟠獸紋。龍，是人們想像中的神獸。銅鏡以龍為紋飾，反映出當時的人將銅鏡視為珍貴的寶物，想借助神獸的力量來保護它。

四龍鏡

圖8

自製線繪圖

山東省文物考古研究所藏

4. 蟠獸紋鏡

蟠獸紋是指盤曲纏繞的細小龍紋，它比龍紋更細長，更抽象。

在臨淄一帶出土的戰國時期蟠獸紋鏡並不多，圖9是其中一面，它的主紋是蟠獸紋，再以花葉襯托。有人認為那些捲曲的線條是雲，暗示龍在雲中行走。那纖細的線條，最後瘦長成一條條好像蔓草的線。

蟠龍紋鏡

圖9 ——————
山東省文物考古研究所藏
自製線繪圖

五　特殊工藝

有些銅鏡不光紋飾有規範，而且運用了彩繪、透雕和錯金等工藝技術，令銅鏡更為華麗。

1. 彩繪鏡

圖10是一片彩繪銅鏡殘片，鏡背上沒有地紋，只有用色彩描繪的紋飾。在它的內區上，有一個不完整的花葉紋；在它的外區上，有近似桃形的葉子；在鏡緣處，有一周略寬的紅色飾帶。彩繪鏡不易保存，出土的實物極少，這殘片是現存世上的珍品。

彩繪鏡殘片

圖 10

山東省文物考古研究所藏

自製線繪圖

2. 透雕鏡

透雕鏡是將鏡面和鏡背分別鑄造後，再黏合在一起而製成的銅鏡。

在臨淄發現的戰國時期的透雕銅鏡，和在當地出土的瓦當（編按：覆蓋在屋頂筒瓦末端的裝飾）一樣，上面都有富有齊國文化特色的雙尾龍紋和蛟龍紋。

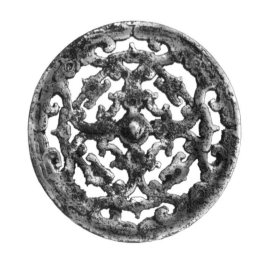

透雕盤龍紋鏡

圖 11

山東省文物考古研究所藏

自製線繪圖

3. 錯金銀鏡

錯金銀是青銅工藝，是在青銅器上刻鑿出線條後，再填入水銀和金所製成的「泥金」（又稱金汞齊），待水銀揮發後，上面便只留下金線了。

1964 年，在臨淄出土的「錯金銀鑲嵌綠松石銅鏡」，以錯金銀技法，與綠松石鑲嵌出雲紋，藝術水平很高，是已出土的錯金銀銅鏡的代表作。

錯金銀鑲嵌綠松石銅鏡

圖 12 山東博物館藏 自製線繪圖

97

炭爐及熏爐

作者：李思潔

在人類文明發展的歷程中，取得火以及使用火，是一個重大的里程碑。人們利用火煮食、取暖、照明，促進了科技及文明的進程。火帶來的高溫高熱，初時最大的功用是讓人類用作驅趕野獸，但是，有時侯會灼傷自己。於是，人類發明了「爐」作為承載火的用器。《說文解字》中「爐」字的解釋，是「貯火的器具」。

炭爐

《周禮・天官冢宰》中有：「凡寢中之事，掃除、執燭、共爐炭。凡勞事，四方之舍事，亦如之」的話，可見炭爐是周代人房間內必備的東西。冬天寒冷，人們會在室內設置炭爐取暖。

目前，已出土的戰國時期的炭爐，盛炭的盤都比較淺，盤下有腳，盤邊有提鏈，方便拿取。在曾侯乙墓中出土的炭爐還有漏鏟和箕（圖1），爐底有銘文寫著「曾侯乙乍時用終」。沿著爐口邊沿是梭形紋設計，爐身外面鑲滿了紅銅紋飾，外腹部佈滿勾連粗雲紋，手工精巧。

炭
爐

圖1

曾侯乙墓出土
湖北省博物館藏
自製線繪圖

圖2是戰國時期的「龍紋方爐」，是整體鑄成的長方體炭爐。爐面封閉，並於四周飾以突起尺形折沿。爐面中間有個大圓孔，可以用來放置炊食器具，除了取暖外，還可以用來烹煮食物。腹壁上有鋪首銜環耳，且飾有獸面紋，是少見裝飾精美的炭爐。爐身的下端有四隻神獸，每隻獸的形態都不同，各用兩隻腳（共八隻）支撐著整個炭爐，看上去，就像是四隻動物共同用牠們的背部背起炭爐，形象生動。

龍紋方爐

圖2
舊金山亞洲藝術博物館藏
自製線繪圖

熏爐

除了取暖用的炭爐，在出土文物中，還找到不少熏爐。現在找到最早的陶質熏爐，是屬於新石器時代的。古人用熏爐來驅蟲和防止疾病，四季皆宜。

雖然，直至今天，人們尚未發現古人從何時開始製作熏爐的紀錄。但春秋時代的莊子在《莊子·讓王》中曾說：「越人熏以艾」，意思是說「居於南方的人燒取艾草，取用它的煙」。可見當時人們已經懂得利用熏香了。在出土文物中，人們也發現了新石器時代的陶質熏爐。圖3是「竹節紋帶蓋陶熏爐」，它出土於上海青浦福泉山良渚大墓。這件良渚時代的帶蓋陶熏爐為泥質灰陶，用灰質陶土製成，有蓋、大口、斜直腹、矮圈足，腹部飾有六圈竹節紋。爐蓋好像一頂笠帽，上

面共有十八個小圓孔,每三個孔為一組,成品字形。熏香是利用微火陰燃香料、香草或是香木而產生香氣。蓋上小孔的作用是調節火力及通風,使香爐內部保持悶燒的狀態,而煙氣透過小孔散發出來。

雖然西周時期已有負責熏香的官職,但到目前為止,人們並沒有發現西周時期的出土熏爐,只出土了戰國時期的陶質熏爐和青銅熏爐。圖4是浙江省博物館所藏的「鏤空長頸瓶」,是一種單囟熏爐,於器瓶肩部開有小孔,方便爐內形成陰燃狀態(編按:指沒有火焰,緩慢燃燒的現象)。

圖 5 是「銅蓋雙囪熏爐」，也是屬於戰國時期的出土文物。它好像是在一個陶甕上安裝了兩隻煙囪，煙囪具有給風助燃的功用，在熏爐加裝煙囪，可以避免草木燃燒時因缺氧而熄滅。它身上有蟠虺（音同「毀」）紋，這種紋飾在出土的青銅器中是常見的。它附有銅蓋，銅蓋上有飛鳥奔獸紋，底部有三隻矮足。這個爐的造型奇特，紋飾線條流暢，藝術性高。爐身呈現釉光，因此受到學界的高度重視，認為它是原始瓷的一種。

銅蓋雙囪
熏爐

———

圖 5

江蘇淮陰高莊戰國墓出土
自製線繪圖

圖 6 是收藏在湖南省博物館的「鏤空蟠鳳紋銅熏爐」，它是戰國時期的出土文物。它是圓形的盒狀熏爐，有蓋，腹部稍為鼓脹，有圈形的足。原本在腹部配有成對的環形耳，可惜現在已經殘缺了。蓋上鏤空，形成鳳鳥紋飾，器身滿布蟠螭紋，作工精美。

鏤空蟠鳳
紋銅熏爐

———

圖 6

湖南省博物館藏
自製線繪圖

此外，人們在湖北等地楚墓中發現了不少戰國的熏香用器，多數是杯形，造型小巧，杯身多數鏤空，方便散發香味。

圖7是「鳳紋熏杯」，它是由八隻相互糾纏、盤旋的鳳鳥組成，鳳鳥的圖案立體，鳥身上有三角雲紋和卷雲紋，底部由十字分隔出扇形孔，造型纖巧精美。

鳳紋熏杯

圖7

湖北省博物館藏

自製線繪圖

1995年3月，陝西鳳翔姚家崗出土了一件「鳳鳥銜環銅熏爐」（圖8），它是目前所見最精美的戰國時期熏爐。

這件熏爐頂上站立著一隻鳳鳥，鳳鳥下面為扁球形爐體。扁球形的爐體分為內外兩層，內層為爐壁，外層則是鏤空的盤蛇紋外罩，外層中腰上有四個獸首銜環。爐體下以空心八角形方柱連接覆斗形底座，底座四個立面上均有鏤空浮雕。底座的四個立面，每個立面可分為上下兩層，上層飾有三個手執戈盾的人物，空隙間有三隻老虎；下層紋飾與上層基本相似，並在兩側各增加一隻鳥與一隻老虎。

鳳鳥銜環熏爐造型奇特，世所罕見，是古代青銅藝術中「失蠟法」的成功傑作。圓形爐體與方形的底座，亦體現了中華傳統文化中「天圓地方」的宇宙觀。

《禮記·內則》記載:「男女未冠笄者,雞初鳴,咸盥漱,櫛縱,拂髦總角,衿纓,皆佩容臭,昧爽而朝,問何食飲矣」,意思是說,尚未成年的男女,早上在公雞第一次叫鳴時,都要起床洗手漱口,梳頭打扮,身上都佩戴容臭。然後去向父母請安,問他們早點想吃喝些什麼。當中的「容臭」,相當於今天的香囊。可見,春秋戰國時期,人們對於香料已經有廣泛的認識了。

我們從戰國屈原的《離騷》的詩句中知道,當時佩戴香草和香木是十分普遍的事。例如「扈江離與辟芷兮,紉秋蘭以為佩」、「雜申椒與菌桂兮,豈維紉夫蕙茞」、「朝飲木蘭之墜露兮,夕餐秋菊之落英」、「戶服艾以盈要兮,謂幽蘭其不可佩」、「何昔日之芳草兮,今直為此蕭艾也」。當中芷、蘭、蕙、茞、艾等都是香草的名稱;而木蘭、桂、椒等則是香木的名稱。

戰國時期的熏爐體積較大,估計是由於當時所採用的香料都是草本及木本植物類,份量較多,要較大的空間,才能容納。

投壺

作者：張永青

投壺，是春秋戰國時期流行的遊戲，最初在上流社會的宴飲場合中出現。
投壺的玩法很簡單，由宴會的客人和主人輪流在離壺有一定距離的情況
下，把矢拋進壺內，最後，以成功擲進壺內矢的數目多少來決定勝負。

投壺的由來

古時候，射箭除了用於戰爭和打獵，還有禮儀的作用，人們將這種禮
儀稱為射禮。射禮可以分為大射、燕射、賓射和鄉射四類。投壺便是
從燕射演變而來的。

大射，是指國君和臣子們練習射技；或者指國君在挑選助祭者時，所
進行的射技比賽。燕射，是指國君與群臣宴飲之後舉行的射技活動。
賓射，是指天子與諸侯相會時舉行的射禮。而鄉射，是在每年的春、
秋兩季，在鄉學所舉行的射禮。

古時候「燕」字和「宴」字相通。司馬光在《投壺新格》解釋說「其
始必於燕飲之間，謀以樂賓，或病於不能射也，舉席間之器以寄射節
焉。」古人習慣在宴飲後進行燕射，可能因為有些人不善於射藝，便
用可以拿著的矢來代替箭，用壺來代替侯（編按：即箭靶）。鄭玄在
注釋《禮記‧投壺》時說：「投壺，射之細也。射，謂燕射。」意
思是投壺是較小型的射，這種射，叫做燕射。孔穎達補充鄭玄的話
說：「投壺在堂在室，是燕樂之事，故知此射亦謂燕射，非大射及鄉射
也。」投壺在室內或在堂上進行，是在宴飲期間進行的活動，因此，
投壺亦屬於燕射的一種，不是大射或者鄉射。

《左傳》記述，在昭公十二年，晉昭公與齊景公宴飲時，藉著投壺擲矢的命中率，炫耀自己的國家不但強大，而且有能力擔任霸主。由此可知，在春秋時期，投壺已經成為上流社會流行的餘興活動。

在《史記‧滑稽列傳》記述淳于髡的事蹟中，提到當時村里之間聚會時，經常有人在投壺。可見，到了戰國時期，投壺不再局限在上層社會中流行，已經成為大眾化的遊戲了。

投壺活動的設備

投壺的主要設備有矢、壺、算、中和馬。當中算、中和馬是計分用具。

《禮記‧投壺》注疏：「日中則於室，日晚則於堂，太晚則於庭中」。投壺的地點是依照比賽時的天色明暗而決定的。白天，可以在室內進行；接近黃昏，要在比較明亮的廳堂上進行；太晚，天色昏暗，便要在庭院中進行了。

一 矢

據《禮記‧投壺》記載，投壺用的矢，是用柘（國語音同「這」，粵語音同「借」）木或棘木製成，不用去皮，削成像箭一樣的形狀，一頭齊、一頭尖（圖 1）。

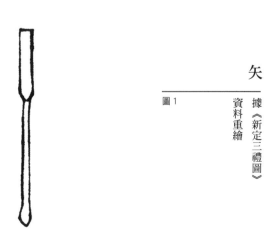

矢

圖1 據《新定三禮圖》資料重繪

按照舉行地點的不同，使用的矢長度也不相同。在室內舉行投壺時，用的是二尺長的矢，約等於 46 公分長；在廳堂上進行投壺時，用的是二尺八寸長的矢，約等於 65 公分長；在庭院中進行投壺時，用的則是三尺六寸長的矢，約等於 83 公分長。

二 壺

投壺用的壺，初時只是飲宴常用的酒器壺。後來，逐漸演變成特製的壺。

根據《禮記·投壺》內描述，投壺所用的壺，「壺頸脩七寸，腹脩五寸，口徑二寸半，容斗五升。」以一尺等於 23.1 公分計算，壺高一尺二寸，約高 28 公分，口徑二寸半，約六公分，容積一斗五升。圖 2 是《新定三禮圖》所繪的壺，它的高度與比例跟《禮記·投壺》描述的相似。壺內要裝些小豆豆，防止投進去的矢反彈出來。

投壺

據《新定三禮圖》
資料重繪　圖 2

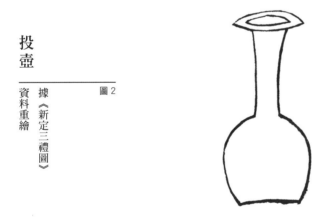

圖 3 是山東莒南出土的陶製投壺，是春秋時期的產物。口沿已經殘缺，長頸、鼓腹，頸肩部有四道凸弦紋，高 26 公分，壺腹直徑 19.8 公分，壺腹底部有四個對稱的鏤空三角形。

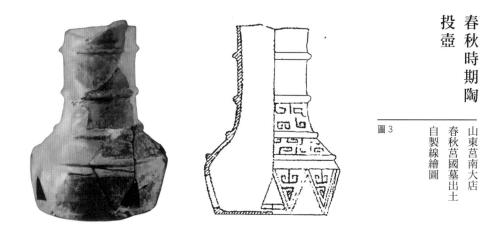

春秋時期陶
投壺

圖 3 ——
山東莒南大店
春秋莒國墓出土
自製線繪圖

圖 4 是戰國時期的陶製投壺，在山東郯城出土。高 34 公分；長頸，口徑 15.5 公分，壺頸的上部有數道凹弦紋；矮腹，腹部有六個鏤空三角形。

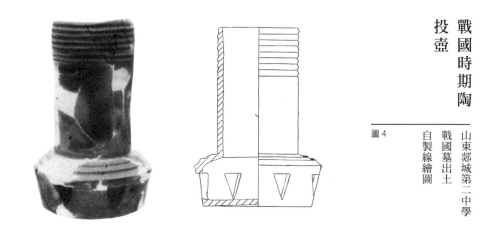

戰國時期陶
投壺

圖 4 ——
山東郯城第二中學
戰國墓出土
自製線繪圖

圖 5 是犀足蟠螭紋筒形銅投壺，也是戰國時期的產物，在河北省平山縣的中山王墓出土。由於它有 59 公分高，比《禮記》所描述的投壺要高出許多，所以它剛出土時，人們並不知道它是什麼東西，經過專家們的考證，最終認為它是投壺。這投壺古雅端整，平口深腹，器身滿佈蟠螭紋飾，線條流暢。器身兩側各有一個鋪首銜環（編按：指大門上常見的環形裝飾物，具實用及裝飾功能），底部有三隻獨角犀

牛，牠們昂首瞪目，彷彿在用力撐起筒身，造型生動。筒身與三隻犀
牛應是分別鑄造之後，才焊接成一體。

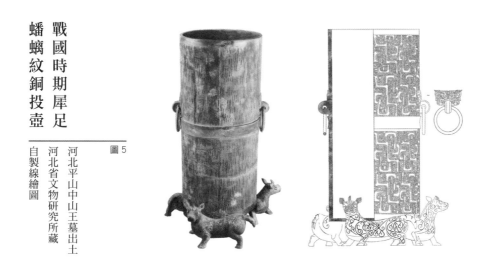

戰國時期犀足
蟠螭紋銅投壺

圖5

河北平山中山王墓出土
河北省文物研究所藏
自製線繪圖

三　算

算，又名算籌，是計算投壺的籌碼。投壺比賽共有三個回合，算是用
來計算每個回合投中的次數，長一尺二寸，約 28 公分。（圖 6）

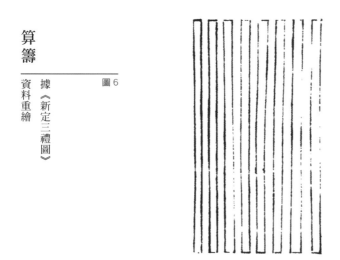

算
籌

圖6

據《新定三禮圖》
資料重繪

108

四　中

中，是用來放置算的器皿。圖 7 名叫「兕中」，形狀似古代的動物牛兕（國語音同「似」，粵語音同「自」），是大夫用的中。圖 8 名叫「鹿中」，形狀似一隻伏著的鹿，是士人用的中。

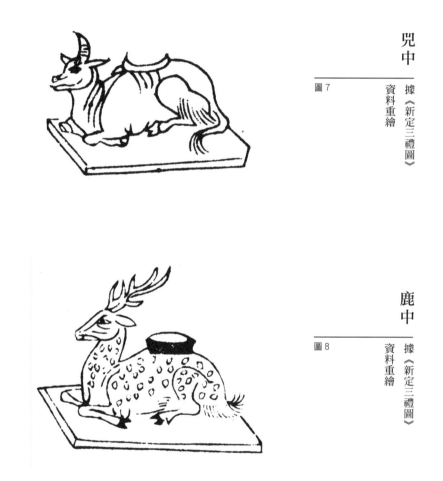

兕中

圖 7　據《新定三禮圖》資料重繪

鹿中

圖 8　據《新定三禮圖》資料重繪

五　馬

馬，展示勝利回合用的東西，目前並無實物出土，可能刻成馬形。

投壺的程序與規則

如果是在非招待嘉賓的場合，不一定會講究禮儀和程序。而按照《禮記‧投壺》所記述，正式投壺活動一般包含有以下的程序：

一 主人邀請賓客投壺

投壺活動開始時，主人捧著矢，司射捧著中，另一人執著壺。

主人於是邀請賓客和他比賽投壺。按禮儀，主人會作出三次邀請，在主人第一、二次邀請時，賓客會表示謙讓而推辭。直到主人第三次邀請，賓客才恭敬地接受。

在賓客接受邀請之後，主人便與賓客揖手互拜，接著，賓客便接過主人手捧的矢，然後就席。

二 司射宣佈規則

主人與賓客就席之後，司射先測量放壺的地方。壺要放在距離比賽雙方的席位各二矢半的地方。在室內進行時，壺要距離席五尺，約 116 公分；在堂上進行時，壺距離席七尺，約 162 公分；在庭院中進行時，壺距離席九尺，約 208 公分。

司射先放好壺，再擺好中，然後對參賽雙方宣佈比賽規則。之後，請樂師奏樂，比賽開始。

三 比賽分三個回合進行

比賽分三個回合進行。每一回合開始時，主人和賓客各有四支矢，輪流用手投擲，當矢頭在前方投入壺中，便算投中，司射會取一支算。主人和賓客必須輪流投擲，如不依規則，自己連續投擲，投中也不算

數。投射完畢，司射便統計雙方所得的算，然後宣佈誰是勝方。

勝負分出後，勝方便為負方酌酒，負方要喝下罰酒。這時，司射會為勝方擺置一支馬。

比賽三回合後，獲得馬較多的一方勝出，在場的人還會為勝者慶賀飲酒。之後，收回壺、中和馬，活動結束。

四 投壺的禮教功能

投壺活動是培養良好品德的活動。主人邀請賓客，賓客表示辭謝，從而培養彼此揖讓（編按：即作揖謙讓）的風度。《禮記‧投壺》記載了魯國與薛國在投壺活動之前，司射囑咐賓主雙方的弟子們，在投壺時的態度不可怠慢、不可驕傲，站姿要正、不可背對而立，也不可以對遠處大呼小叫，否則會予以處罰。可見，《投壺新格》所說「投壺可以治心，可以修身，可以為國，可以觀人」的話，很有道理。可惜，後人只重視投壺的娛樂性，而忽略了它有培養良好品德的功效。

棋戲

孔子曾經說過，玩玩「博弈」，總比「飽食終日，無所用心」好得多。孔子是春秋時期的著名教育家，因此我們知道，在春秋時期，人們已經懂得玩「博弈」了。

什麼是「博弈」呢？ 原來「博弈」，就是今天的棋類遊戲。春秋時期，「博」和「弈」是有分別的。「博」是有機率性的，玩者要先擲骰或抓籌，以決定棋子可以走多遠；「弈」則是指純粹的棋類遊戲。春秋戰國時期流行的「博弈」遊戲，包括了圍棋、象棋、塞戲和六博。

圍棋

圍棋，古時候稱為弈，是棋類的始祖。晉代的張華在《博物志》中說：「堯造圍棋，以教子丹朱」意即圍棋是由堯帝創造，用來教育兒子丹朱。可見，中華民族很早已經懂得玩圍棋了。一副圍棋，包括了黑子、白子和一個棋盤。圍棋，由二人對賽，每人各用一種顏色的棋子，二人輪流在棋盤上放一隻棋子，棋子必須放在格線交叉點上，落子完畢後，棋子不能移動。過程中，被圍的棋子會被對方取去（吃掉），被圍的範圍不可以再落子，最後以圍地的多少決定勝負。

在《孟子‧告子上》中，孟子談到了「弈秋誨棋」一事，這事告訴我們，戰國時期已經有私人授棋的事了，人們對圍棋名家也有一定的認識。孟子所說的圍棋高手「弈秋」，不一定是姓弈的，可能因為他是圍棋高手，所以人們便在他的名字前面加上一個「弈」字了。

今天的圍棋的棋盤，和早期的不是完全相同。今天，在正規的圍棋比

賽中，用的都是十九路棋盤，即棋盤上有縱、橫各十九條平行線。這和南北朝出版的《棋經》所說的「三百六十一道，仿周天之度數」棋盤相同。但考古學家找到出土的東漢圍棋，大部分都是十七路棋盤的（如圖 1），也有少部分是十一、十三和十五路棋盤的。我們推測，東漢至南北朝是圍棋棋盤路數改變的時期。現在，較少路數的棋盤，只會在教學中使用，很多人都是由九路棋盤開始學習圍棋的。

東漢時期十七路
石質棋盤

圖 1

河北望都出土
自製線繪圖

古今的圍棋，除了棋盤之外，棋子選用的材料，也有不同。最初的棋子，是用木頭製成的，由於質感太輕了，後來改用石頭製造。因此，現在的棋盤邊上，有的寫有「棋」字，亦有的寫有「碁」（「碁」為「棋」的異體字，讀音相同）字。

至於圍棋的遊戲規則，古今幾乎沒有分別。

圍棋，是中國流行最長久的棋類遊戲。

象棋

象棋，古時候叫「象戲」。春秋戰國時期，國與國之間經常發生戰爭，於是有人仿照軍隊對陣設計了象棋，象棋很受大眾歡迎，一直流傳到今天。

《楚辭》以：「菎（音同「昆」）蔽象棋，有六簙些。分曹並進，遒相迫些。成梟而牟，呼五白些」，指出象棋和六博都是分作兩方，相互攻守的遊戲。象棋的棋子有：將（帥）、士（仕）、象（相）、車（俥）、馬（傌）和卒（兵），類似先秦的軍隊編制，每種棋子都有自己的行走方式，以吃掉對方的將（帥）為得勝。當中「包（炮）」，所指的並非火砲，而是「礮」（同「砲」字），是當時的投石車。

春秋戰國時期，平民百姓喜愛玩象棋，帝王將相和文人雅士則愛下圍棋。因此，在文人書寫的典籍上，較少看見關於象棋的事。

六博與塞戲

塞戲與六博現在已經失傳了。可是，考古學家找到有關六博的出土文物，數量卻比圍棋和象棋多，可見，在春秋戰國時期，六博是十分流行的。

一 六博

六博，雙方各使用六根箸、六枚棋子，故名「六博」，或「六簙」。（圖2）

六博的棋子是六面的長方體（見圖3），用象牙、玉石或金屬製成，雙方各有六枚棋子，一枚是「梟」，其他五枚名「散」。從出土文物中找到的六博，有的六枚棋子大小相同，有的是一大五小，大的當然是「梟」了。

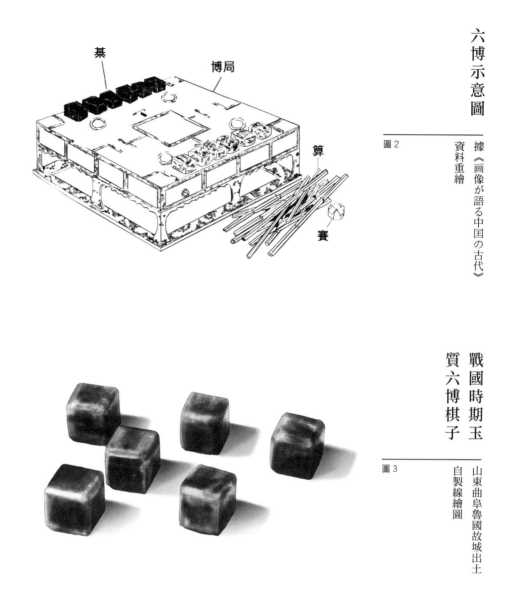

六博示意圖

據《画像が語る中国の古代》
資料重繪

圖2

棊

博局

算

簺

戰國時期玉
質六博棋子

山東曲阜魯國故城出土
自製線繪圖

圖3

《韓非子》說:「博者貴梟,勝者必殺梟。」在六博遊戲中,梟的地位最高貴,要取勝,必定要殺掉對手的梟。這和象棋要殺掉對手的將(帥),情況相同。但六博和象棋有一點不同,就是六博玩家要先擲「箸」或「瓊」等擲具,然後依照擲出的數目來決定棋子的步伐多少。

箸,亦稱算,是新月形的細長竹管,有正、反兩面,六博雙方各有六根。瓊,亦作煢(國語音相同,粵語音同「鯨」),是多面體骰子,常見的有十四面或十八面(圖4)。製造瓊的材料有玉石、竹或木等。

六博的棋盤，上面有曲道和裝飾圖紋，中央的方形區塊稱為「水」，曲道是玩家們放置棋子的地方，線上、線側、點上、框內都可以下棋子。裝飾圖紋讓棋盤顯得更華麗。

在河北省博物館裡，收藏了由中山王族三號墓出土的「石製六博棋盤」，它是世界上現存年代最早的六博棋盤（圖 5），它的紋飾精美繁縟，與曲道幾乎融為一體。漢朝以後，玩六博的人愈來愈少，東晉之後便沒有人玩六博了。現在，連記錄六博玩法的書籍《古博經》和《博經》都失傳了。因此，現代的人對於六博的遊戲方法，並不是太清楚。

二 塞戲

塞戲，又叫簺（音同「塞」）、格五、簙（音同「促」）戲。塞戲和六博十分相似，它們的分別在於六博有擲具，而塞戲沒有。在古代書籍中，經常把六博和塞戲相提並論，也有「塞戲是由六博演變而來」的說法。

戰國時期石製
六博棋盤

圖5

中山王族三號墓出土
河北省博物館藏
自製線繪圖

化妝術與妝奩

作者：李思潔

愛美，是女人的天性。早在商、周時期，宮廷的婦女已經會用化妝品來修飾自己，令自己看起來更美麗。到了春秋戰國時期，一般平民婦女也逐漸流行化妝。近代考古學家在湖北省的荊門包山 2 號墓中，發現了一件戰國時期盛裝婦女梳妝用品的漆奩（音同「連」），由此可證，戰國時期的婦女對化妝已經十分講究了。

戰國時期的化妝術

戰國時期，美人的標準是：膚色白、眉毛黑、嘴唇紅。當時女性的化妝術包含了以粉飾面、抹紅飾容、修眉飾黛，以及點染朱唇四個步驟。

一 以粉飾面

在《戰國策‧楚策三》中，記述了張儀對楚王說的話：「彼鄭、周之女，粉白墨黑，立於衢閭，非知而見之者以為神。」當時，張儀告訴楚王，鄭、周的女子在面上塗了粉，臉色看起來很白皙，襯上用青黑色顏料畫的眉，真是美麗啊！她們站在十字路口，不知情的人，還以為她們是仙女下凡呢！

據說，為了令自己看起來更加俊俏，古時候，除了女士，有些男士也會在臉上塗粉飾面。

《中華古今注》中有「自三代以鉛為粉」的說法，而高承著的《事物紀原》中也說：「周文王時，女人始傅鉛粉。」因此，我們知道：古

時候人們塗上臉的粉，是用鉛製成的。用鉛製成的化妝粉，除了能讓膚色呈現細膩的白色之外，還不容易掉落。

二　抹紅飾容

為了增添好氣色，塗粉之後，女人會在臉頰上塗抹紅色的硃砂。她們會把天然的硃砂加上動物的油脂，凝結為團狀，放在一個圓形的小妝奩裡，方便隨時拿出來塗抹。

三　修眉飾黛

自古至今，畫眉，都是化妝的一個重要程序。

一個女子的眉毛是否好看，對她的容貌有很大影響。《留青日札》中有這樣的話：「婦女之眉最善蠱人。故從女、從眉曰媚。」它的意思是說，婦女的眉毛最能夠迷惑人。所以，把「女」字和「眉」字組合起來，便成為解作「逗人喜愛」的「媚」字了。

《楚辭‧大招》中有「粉白黛黑」的說法，意思是女子塗粉使面部白皙，以黛畫眉使眉毛變黑。黛，多是用石青礦物碾細製成的顏料。

從《釋名‧釋首飾》中，可以知道古代女性是如何畫眉的。它說：「黛，代也，減眉毛去之，以此畫，代其處也」。此處的「黛」，是取代的意思，是減去部分眉毛，然後用青黑的黛畫上去，代替原本的眉。

在《神女賦》中，宋玉用「眉聯娟以蛾揚兮」來形容女子所畫的眉毛，有如蠶蛾觸鬚般纖細柔長，後來，人們便用「蛾眉」來比喻貌美的女子。我們從出土文物中，也可以知道古代的女性都愛畫纖細的長眉。從湖南省長沙楚墓出土的人物龍鳳帛畫（圖 1），以及由河南信陽長臺關楚墓出土的漆繪木俑（圖 2），便是引證這風尚很好的例子。

人物龍鳳
帛畫

圖1
湖南長沙楚墓出土
湖南省博物館藏
自製線繪圖

彩繪木俑

圖2
河南信陽長臺關
楚墓出土
自製線繪圖

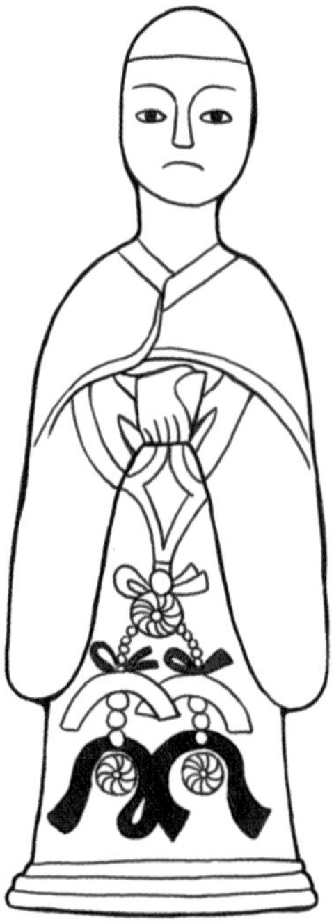

四 點染朱唇

除了塗粉和畫眉之外，塗唇也是化妝術的重點之一。考古學家發現，由山東章丘女郎山齊墓出土的樂俑，嘴唇部位都是塗上紅色的，由此可見，戰國時期，人們已經流行用硃砂來塗紅嘴唇了。（圖 3）

樂俑

圖 3

山東濟南章丘女郎山齊墓出土
自製線繪圖

戰國時期的妝奩

古時候，人們用來放置化妝品的匣子，稱為「奩」。奩內除了放置化妝品之外，也會放梳子、笄（音同「雞」）、銅鏡等梳妝用的物品。「籢」是「奩」字的異體字，最早出現在《說文解字・竹部》，原文是：「籢，鏡籢也，從竹，斂聲」。從字形來看，早期的鏡奩該是竹製品。

考古學家從湖北荊州江陵馬山 1 號楚墓中，發現了兩個圓形的小竹笥（圖 4、圖 5），其中一個竹笥裡面放了一面被鏡衣包裹的銅鏡，另一個竹笥內裝著泥金餅。它們應該就是戰國時期用竹製造的妝奩。

漆器從春秋時期開始發展，到了戰國時期，漆器已經十分流行了。由於楚地盛產漆，當地人便大量製作漆器，作為日常生活的用器，因此，在湖北省的楚國遺址中，考古學家能發掘出保存完好的漆製妝奩。

竹胎妝奩

圖 4

湖北荊州江陵縣
馬山 1 號墓出土
自製線繪圖

竹胎妝奩

圖 5

湖北荊州江陵縣
馬山 1 號墓出土
自製線繪圖

漆妝奩原先都是圓形或橢圓形的，後來才逐漸發展出正方形、長方形，甚至菱形。戰國時期的漆奩盒，基本上是圓筒形的，它們多數是直口、直腹、平底、單層，多數的盒蓋是平的，只有少數漆奩的盒蓋是微微隆起的。

一般戰國時期的漆器，都是用紅漆與黑漆裝飾。彩繪的漆器是直接於漆液中調入顏料，紅色則放入硃砂，綠色則放入石綠等礦物顏料，再畫在已經髹上黑漆或紅漆的器面上。圖6是包山2號墓所出土的漆奩，它以人物出行為主題，細膩地描繪出當時楚國人民的生活情況。這件漆奩上畫的「人物出行圖」，應該是中國最早的手卷式人物畫。

漆奩

圖6

湖北包山2號墓出土
湖北省博物館藏
自製線繪圖

齊國服飾

作者：李思潔

《易經》中載「堯舜垂衣裳而天下治」。從這句話，我們可以知道，早在堯和舜的時候，中華民族已經懂得「穿衣服」了。考古學家在長江下游以南河姆渡遺址，發現距今大約七千年前的紡紗用的紡輪（圖1），因此可知，中華民族早已懂得織布製作衣服。

此外，《周禮》載「昭名分，辨等威，別貴賤」，意思是說，從周代的人穿著的服飾，人們便可以知道他的社會地位和身份了。

陶紡輪

河姆渡遺址出土
浙江省博物館藏
自製線繪圖

圖1

先秦時期的服裝原料

《韓非子》書中提到：「堯之王天下也⋯⋯冬日麑（國語音同「尼」，粵語音同「危」）裘，夏日葛衣」，意思是說，在堯統治天下的時候，人們在冬天，會穿著用動物的皮毛製造的衣服，到了夏天，他們便穿著用葛製成的衣裳了。書中所說的「葛」，即是現在的麻，包括苧麻和大麻。

《詩經‧葛覃》提到：「葛之覃兮，施於中谷。維葉莫莫，是刈是濩

（音同「獲」）。為絺（音同「癡」）為綌（音同「隙」），服之無斁（音同「亦」）」。意思是說，古人採摘野葛後，會把它的皮煮成又白又軟的纖維，然後用來織布。

葛布又細分為絺、綌、緦（音同「皺」）三種。纖細的葛布叫做絺，粗糙的葛布叫做綌，普通的葛布叫做緦。由於葛布的吸濕性強，散熱又快，因此，它是古人夏天首選的衣服用料。

除了皮毛和葛布，古人也養蠶，抽出蠶絲來織的布，稱為絲綢。由於絲織品價錢比較昂貴，只有貴族才有機會穿著。目前，考古學家找到一些戰國時代的絲綢碎片，它們由多種顏色的絲線織成，織工相當細密（圖2）。人們把這些色彩繽紛的絲綢稱為「錦」，「錦」字是由「金」和「帛」兩個字組成的，「帛」是布的另一個名字，那麼「錦」就是含有黃金的布了，表示價格昂貴。據說，當時「錦」的價值是一般素面絲絹的十五倍。人們也在素色的布料上刺繡花紋，作為衣服的裝飾。

鳳鳥鳧幾何紋錦

圖2
湖北江陵馬山1號楚墓出土
荊州博物館藏
自製線繪圖

西周時期，王親貴族們的服裝，多數是由絲和纖細的葛布製成。春秋、戰國時期，由於齊國和魯國一帶麻桑遍野，加上精緻的織工工藝，出產了大量高品質的布料，令齊國和魯國的農業、紡織業和手工業迅速發展起來，成為有「冠帶衣履天下」之稱的服飾製作中心。服

飾產業給很多人帶來了財富，成就了不少大商賈，有些商人的財富多得和千戶侯（編按：千戶侯為古代的侯爵，有向超過一千戶以上人家徵稅的權利。）差不多，所以，被稱為「素封」，意思就是沒有被封官爵，但是財產卻可與官爵相比。

春秋時期齊國的紡織產業盛況

自古以來，齊國的君主都重視紡織工的技術，這就是為何齊國的紡織品能夠保持高品質的原因。早於西周初期，在姜太公被分封於齊國的時候，他已經要求齊國的紡織女工們，要在技術上努力發揮了。

春秋時代，宰相管仲向君主齊桓公建議，對擅長養殖蠶蟲和種植桑樹的農人，提供黃金一斤或是糧食八石的優厚獎勵。由於齊國君主重視種桑養蠶，齊國的絲織業便發展起來了。

除了絲綢品質優良外，當時齊國獨特的染色技術，也讓其他國家的人民所羨慕。根據《管子・輕重丁》記載，當時齊國所製作的紫色的絹和紫青色的絲繰，價格竟然比周室的要便宜十倍，真是價廉物美啊！

當時的齊國人，已經懂得把織物的染色過程，分成多個工序，由專人負責進行了。首先，是煮練絲帛，把絲帛反覆水煮、曝曬，使織品纖維變得柔軟和潔白。然後才進行染色，染色的工序要集中在夏秋兩季進行，因為這時是用作染色的植物的生長期，可以大量採集。織物染色的過程不但繁複，而且經常出現變數，即使是同樣的植物染料，用在不同的布料上，都可能呈現出不同的顏色；而染色的次數不同，也會出現不同的顏色。根據《周禮》記載，將布料浸入用藍草製成的染劑中，浸染三次變成淺紅色，浸五次變紫色，浸七次就變成黑色了。

春秋時期，齊國不但是絲織品的重要出產國，它還是當時服裝潮流的領頭地，出現「天下之人冠帶衣履皆仰齊地」的情況。

齊國陶俑的出土

1970 年代，山東淄博臨淄區郎家莊 1 號墓陪葬坑中，出土了六組陶俑，由於破損嚴重，無法復原，僅有文字資料而無圖像。但是，依據較大的出土碎片來看，這六組陶俑中，有男有女，都是舞俑。

1980 年代，在山東泰安康家河村的一座戰國墓中，出土了五件小陶俑。考古學家們觀察這些陶俑後，認為它們的製作過程，依次包括手塑、磨光、刻劃衣服的條紋和彩繪。但由於出土的數量不多，無法作進一步研究。

1990 年，在山東濟南章丘繡惠鎮的女郎山一座戰國墓中，考古學家們發現了三十八件彩繪樂舞陶俑，它們保存完好，作工精細（圖 3、圖 4、圖 5）。除了能夠幫助後人了解戰國時代的舞樂文化外，也為後人研究戰國時期的齊國服飾，提供了第一手素材。

樂舞俑

圖 3 ── 山東濟南章丘繡惠鎮
女郎山出土
自製線繪圖

敲編鐘俑

圖4

山東濟南章丘繡惠鎮
女郎山出土
自製線繪圖

敲編磬俑

圖5

山東濟南章丘繡惠鎮
女郎山出土
自製線繪圖

2001 年，在山東淄博臨淄區趙家徐姚村一座戰國早中期的墓穴中，考古學家們發現了七組，共三十三件陶俑（圖6、圖7）。這些陶俑的五官及服裝彩繪相當清晰，它們多作歌舞狀，身份應該是舞樂伎。雖然它們的服飾與當時齊國貴族所穿著的服裝有所區別，不過也呈現了當時齊國服飾的特有風格，為研究齊國服飾的學者提供了重要的資料。

陶俑們所穿著的「齊服」，下襬外撇，上衣與下襬的紋飾都不相同，由此可見，它們的上衣和下襬是分開的，即是「上衣下裳」兩件服裝。此外，它們的服裝還有以下的特色：第一，交領服的前襟短小，只掩蓋身體右側；第二，上衣的袖筒普遍緊窄，並不是寬袍大袖；第三，領緣、袖緣、下襬緣邊細窄，與南方楚國服裝的窄袍大袖、緣邊較粗並不相同；第四，紋飾較為簡單，只呈現點、線等幾何圖形。

齊國音樂

作者：張勝全

上古時期，在中華大地上，除了華夏民族，還有四支大民族，分別是東夷、西戎、南蠻和北狄。從前東夷族居住的地方，就在今天的山東省東部，即是戰國時期的齊國。

根據《後漢書・東夷列傳》記載，東夷族的原居民喜歡飲酒和唱歌跳舞，他們「晝夜酒會，群聚歌舞，舞輒數十人相隨，踏地為節」，有深厚的音樂文化傳統。

《拾遺記》記述，東夷族的首領太昊「絲桑為瑟，均土為塤（音同「熏」）」。原來，今天我們看見的樂器瑟和陶塤，是上古時代的太昊發明的。從《路史・後紀》中我們知道，東夷族的另一位首領少昊「立建鼓，制浮磬，以通山川之風，作大淵之樂，以諧人神，和上下，是曰九淵」。鼓和磬，是東夷族的少昊發明的，少昊用它們的聲音來「通山川之風」。少昊創作的樂曲《九淵》，既能和諧人神，又能令領袖和下民關係和諧，是「大淵之樂」。

戰國時期，齊國的統治者都喜愛音樂，於是，在這片國土上，逐漸發展出完善的音樂理論，一些製作精美的樂器也在齊國出現。

齊國的音樂理論

齊國的音樂理論，主要由管子與晏子提出。

一 管子的音樂理論

管仲是春秋時期齊桓公的宰相，由於他很有學問，所以被稱為管子（編按：「子」為古代對人的尊稱）。管子主張以法規治理國家。他說：「所謂仁義禮樂者，皆出於法。」在管仲的眼中，一切「仁義禮樂」都是因為法規而產生的。所以，要用法規去衡量禮儀是否合度，能符合法規的禮儀，才算得上美。

他又認為，天地之間，聲音的作用很大，他說：「昔黃帝以其緩急，作五聲，以政五鐘。令其五鐘，一曰青鐘，大音，二曰赤鐘，重心，三曰黃鐘，灑光，四曰景鐘，昧其明，五曰黑鐘，隱其常。五聲既調，然後作立五行以正天時，五官以正人位。人與天調，然後天地之美生。」

管仲告訴人們，從前的黃帝是用聲音來讓人事和天時互相配合的。他首先根據節奏的快慢，制定了五聲，然後，根據五聲鑑定了五鐘。再給五鐘命名，第一叫青鐘大音，第二叫赤鐘重心，第三叫黃鐘灑光，第四叫景鐘昧其明，第五叫黑鐘隱其常。五聲調整好了，然後便確立「木（青）、火（赤）、土（黃）、金（白）、水（黑）」五行，再根據五行的特性，分配天時（定曆法），以決定耕作狩獵等大事的時間。他又設立了五個官職，分配恰當的人擔任官位。當人事與天時協調了，天地間美好的事物也就產生了。

據《管子・地員》記述，管仲提出用「三分損益法」來決定五音（又稱五聲），即宮、商、角（國語音同「決」）、徵（音同「止」）、羽的弦長比例。原文如下：

「凡將起五音，凡首，先主一而三之。四開以合九九，以是生黃鐘小素之首，以成宮。三分而益之以一，為百有八，為徵。不無有三分而去其乘，適足，以是生商。有三分，而復於其所，以是成羽。有三分，去其乘，適足，以是成角。」

管仲透過觀察樂器發音的音高與弦的長短之關係，得到一種運用長度
比的音律計算方法。他首先將標準音「黃鐘」即「宮」音的弦長定為
81；把「宮」音的弦長增加三分之一，成為108，即「徵」音；用
「徵」音弦長減去三分之一，成為72，即「商」音；再將「商」音的
弦長增加三分之一，成為96，即「羽」音；最後把「羽」音的弦長
減去三分之一，成為64，即「角」音。宮、徵、商、羽、角的弦長
比例即為81：108：72：96：64。（圖1）

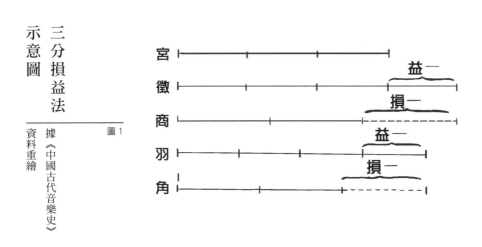

三分損益法示意圖

據《中國古代音樂史》資料重繪

圖1

二 晏子的音樂理論

晏嬰是春秋時期齊國的名相，因為學識淵博，被稱為晏子。西周末
期，周王朝的太史伯陽父，人稱史伯，曾經這樣說：「夫和實生物，
同則不繼……和六律以聰耳……和樂如一。夫如是，和之至也……
聲一無聽。」史伯這段話的意思是，只有單一的音樂並不動聽，要令
到各種聲音達至和諧，聽起來好像是一種聲音一樣，才是美好的音
樂。《國語‧周語下》記錄了這段話：「夫政象樂，樂從和，和從平。
聲以和樂，律以平聲。」這是單穆公在公元前522年勸周景王的話，
這段話是說施政要如同奏樂一般，奏樂講求和諧，五聲是用來和諧音
樂的，而音律則是用來勻平五聲的。

晏子根據史伯和單穆公對音樂的見解，發展出「和而不同」的理論。晏子說：「聲亦如味，一氣，二體，三類，四物，五聲，六律，七音，八風，九歌，以相成也；清濁、大小、長短、疾徐、哀樂、剛柔、遲速、高下、出入、周疏，以相濟也。君子聽之，以平其心，心平德和。」晏子認為，聲音如同調味，必須要各個方面相互調節配合才能產生。樂曲的清濁、大小、長短等等各種因素要能夠相輔相成。這樣演奏出來的音樂，讓有德行的人聽了，心境會平靜。心境平靜了，品德也就平和了。

晏子對於音樂所提出的論述，不但和今天「和聲樂」的理論相同，而且，也提出了音樂可以影響人的心境和情緒，可見，他對中華民族的音樂發展有著深遠的影響。

齊國的樂器

據《戰國策》記載，蘇秦曾經向齊宣王說：「臨淄甚富而實，其民無不吹竽、鼓瑟、擊筑、彈琴。」從蘇秦的話可見，戰國時期的齊國，民眾都擅長演奏竽、瑟、筑、琴等樂器。可能因為這些樂器的材質容易腐朽，不容易保存，考古學家至今都沒有在齊國的遺址中，發現相關的文物。而在「濫竽充數」故事裡深受齊王喜愛的「竽」，在目前發現的出土實物中，最早期的，要算是在湖南省漢墓中出土的「漢代竽」了。(圖 2)

考古學家雖然找不到戰國時期齊國的竽，但是找到屬於齊國的樂器也不少，有銅製的編鎛（音同「博」）與編鐘、石製的編磬（音同「慶」），以及陶塤等。從這些出土的齊國樂器中，我們可以知道，齊國製造樂器的工藝水平已經相當高了。

漢代竽

圖2

湖南省博物館藏
自製線繪圖

一　鎛

鎛，是古代一種打擊樂器，它的樣子好像是兩片瓦合在一起，口平直。由於鎛可以控制節奏，在祭祀或饗宴的樂器合奏上，有指揮的作用。

圖 3 是山東淄博臨淄區淄河店 2 號墓出土兩組編鎛，每組四件，都是陪葬品。其中一組的頂部有一雙相對的夔（音同「葵」）龍，中間有多行排列整齊的方形鈕；另一組的頂部是一個簡單的環形鈕。

鎛

圖3

山東淄博臨淄區淄河店 2 號墓出土
山東省文物考古研究所藏
自製線繪圖

二 鐘

鐘，古代重要的打擊樂器。鐘身和鎛很相似，也是合瓦形，但鐘口邊緣的兩角向下延伸，形成尖角形。

鐘有「甬鐘」與「鈕鐘」兩種。頂部呈筒柱狀的叫「甬鐘」，頂部有環形鈕的稱為「鈕鐘」。

到目前為止，從齊國遺址中，已經出土了多套編鐘。圖 4 是從山東臨淄淄河店 2 號墓出土的甬鐘，鐘面飾有蟠螭紋，屬於陪葬品。

甬鐘

圖4　山東淄博臨淄區淄河店
2 號墓出土
自製線繪圖

圖 5 是山東陽信西北村出土的一組編鐘，這組編鐘共有九件，鐘面有蛇形紋飾，屬於陪葬品。

鈕鐘

圖5　山東陽信西北村出土
陽信縣博物館藏
自製線繪圖

135

在山東淄博臨淄區商王村出土了兩組編鐘，這兩組編鐘各有七件，保
存良好，鑄工精良。其中，齊國故城遺址博物館所收藏的編鐘，鐘面
有三角雲紋、捲雲紋，以及變體鳳鳥紋，頂部是長條形環鈕。（圖6）

鈕鐘

圖6
山東淄博臨淄區商王村出土
齊國故城遺址博物館藏
自製線繪圖

三　磬

磬，也是中國傳統打擊樂器。在齊國遺址中，亦出土了多套編磬。在
山東淄博臨淄區商王村出土的兩組編磬，每組各有八件，每件磬都磨
製得光亮平滑。（圖7）

編磬

圖7
山東淄博臨淄區商王村出土
齊國故城遺址博物館藏
自製線繪圖

同在山東淄博臨淄區的大夫觀村，亦出土了兩組編磬，每組編磬各有八件。其中，由山東省文物考古研究所收藏的編磬，保存較為完好。（圖 8）

磬

圖8

山東淄博臨淄區大夫觀村出土
山東省文物考古研究所藏
自製線繪圖

四 塤

陶塤，是一種吹奏樂器。在山東章丘女郎山出土的陶塤，是用泥灰陶製成的，表面打磨得很光滑，頂端有一個圓形吹孔，腹部有四個音孔。（圖 9）

陶塤

圖9

山東章丘女郎山出土
山東省文物考古研究所藏
自製線繪圖

參考書目

專書

1. 〔宋〕聶崇義：《新定三禮圖》，北京：中華書局，1992。
2. 上海博物館青銅器研究部編：《上海博物館藏錢幣・先秦錢幣》，上海：上海書畫出版社，1994。
3. 大阪府立弥生文化博物館編集：《中国仙人のふるさと：山東省文物展》，山口縣萩市：山口縣立萩美術館，1997
4. 山東省文物考古研究所：《山東20世紀的考古發現和研究》，北京：科學出版社，2005。
5. 山東省文物考古研究所：《臨淄齊墓》，北京：文物出版社，2007。
6. 山東省文物考古研究所：《鑑耀齊魯：山東省文物考古研究所出土銅鏡研究》，北京：文物出版社，2009。
7. 中國先秦史學會、政協莒縣委員會編：《莒文化研究文集》，濟南：山東人民出版社，2002。
8. 中國音樂文物大系總編輯部：《中國音樂文物大系・山東卷》，鄭州：大象出版社，2001。
9. 中國國家博物館編：《文物春秋戰國史》，北京：中華書局，2009。
10. 中國錢幣博物館編：《中國錢幣博物館藏品選》，北京：文物出版社，2010。
11. 孔祥星、劉一曼：《圖說中國古代銅鏡史》，福岡：中國書店，1991。
12. 古代オリエント博物館等編集：《山東省文物：孔子の原鄉四千年展》，東京都：旭通信社，1992。
13. 白雲翔、清水康二：《山東省臨淄齊國故城漢代鏡範的考古學研究》，北京：科學出版社，2007。
14. 安立華：《齊國瓦當藝術》，北京：人民美術出版社，1998。
15. 曲英杰：《齊國故都臨淄》，濟南：山東文藝出版社，2004。
16. 朱永嘉、蕭木注譯：《新譯呂氏春秋（上）》，台北：三民書局，2009。
17. 朱鳳瀚、李季：《文物中國史・春秋戰國時代》，香港：中華書局，2004。
18. 余甲方：《中國古代音樂史》，上海：上海人民出版社，2014。
19. 李玉潔：〈齊史稿〉，《齊文化叢書・13》，濟南：齊魯書社，1997。
20. 李玉潔：《齊國史》，北京：新華出版社，2007。
21. 李學勤主編：《中國古代歷史與文明—戰國史與戰國文明》，上海：上海科學技術文獻出版社，2007。
22. 汪維玲、王定祥：《中國古代婦女化妝》，陝西：陝西人民出版社，1991。
23. 周功鑫主編：《戰國成語與齊文化》，香港：三聯書店，2020。
24. 周汛、高春明：《中國歷代婦女妝飾》，香港：三聯書店，1988。
25. 姜義華注譯：《新譯禮記讀本》，台北：三民書局，1997。
26. 宣兆琦：〈齊國政治史〉，《齊文化叢書・14》，濟南：齊魯書社，1997。
27. 段宏振：《趙都邯鄲城研究》，北京：文物出版社，2009。
28. 韋明鏵：《閒敲棋子落燈花：中國古代遊戲文化》，昆明：雲南人民出版社，2007。
29. 香港藝術館：《戰國雄風——河北省中山國王墓文物展》，香港：香港臨時市政局，

1999。

30. 夏征農、陳至立編:〈中國歷史紀年表〉,《辭海》,上海:上海辭書出版社,2011。

31. 徐勇:〈齊國軍事史〉,《齊文化叢書‧15》,濟南:齊魯書社,1997。

32. 浙江省博物館編:《泉林剪影》,杭州:浙江古籍出版社,2009。

33. 逄振鎬:〈先齊文化源流〉,《齊文化叢書‧13》,濟南:齊魯書社,1997。

34. 高明註譯:《大戴禮記今註今譯》,台北:台灣商務印書館,1984。

35. 高英民、王雪農:《古代貨幣》,北京:文物出版社,2008。

36. 崔樂泉:《中國古代體育文物圖錄》,北京:中華書局,2000。

37. 崔樂泉:《圖說中國古代遊藝》,台北:文津出版社,2003。

38. 張越、張要登:《齊國藝術研究》,濟南:齊魯書社,2013。

39. 淄博市博物館、齊故城博物館:《臨淄商王墓地》,濟南:齊魯書社,1997。

40. 渡部武:《画像が語る中国の古代》,東京:平凡社,1991。

41. 湖北省荊沙鐵路考古隊:《包山楚墓》,北京:文物出版社,1991。

42. 黃錫全:《先秦貨幣通論》,北京:紫禁城出版社,2001。

43. 楊寬:《戰國史》,台北:台灣商務印書館,1997。

44. 楊寬:《戰國史料編年輯證》,台北:台灣商務印書館,2002。

45. 溫洪隆注譯:《新譯戰國策》,台北:三民書局,2006。

46. 劉善承、趙之云、中國圍棋協會:《中國圍棋史》,成都出版社:成都時代,2007。

47. 劉煒、張倩儀:《文明的奠基:原始時代至春秋戰國》,香港:商務印書館,2003。

48. 劉蔚華、苗潤田:〈齊國學術思想史〉,《齊文化叢書‧16》,濟南:齊魯書社,1997。

49. 蔡慶良、張志光主編:《嬴秦溯源:秦文化特展》,台北:國立故宮博物院,2016。

50. 鄭澤雲:《淮陰高莊戰國墓》,北京:文物出版社。2009。

51. 賴炎元、傅武光注譯:《新譯韓非子》,台北:三民書局,2007。

52. 韓兆琦注譯:《新譯史記》,台北:三民書局,2013。

53. 譚維四:《樂宮之王:曾侯乙墓考古大發現》,杭州:浙江文藝出版社,2002。

期刊文章

1. 于孔寶:〈古代最早的絲織業中心——談齊國「冠帶衣履天下」〉,《管子學刊》,1992 年,第 2 期,頁 55-62。

2. 王少良:〈「投壺」與古代士人的禮樂文化精神〉,《瀋陽師範大學學報(社會科學版)》,2012 年,第 3 期,頁 79-82。

3. 王文清:〈齊威、宣王的賢明與齊國的富強〉,《江蘇社會科學》,1994 年,第 1 期,頁 84-89。

4. 王方:〈從楚服到齊服:戰國時代服飾研究的新材料與新認識〉,《藝術設計研究》,2014 年,第 1 期,頁 79-82。

5. 王志民:〈特色獨具的齊國音樂藝術〉,《教育評論》,1992 年,第 3 期,頁 45-49。

6. 王京龍、高新鎮、馬立華:〈齊國興亡淺說〉,《管子學刊》,2003 年,第 2 期,頁 46-50。

7. 王建玲:〈投壺——古代寓教於樂的博戲〉,《文博》,2008 年,第 3 期,頁 75-78。

8. 王珏、胡新生:〈論晏嬰思想的特色〉,《理論學刊》,2005 年,第 1 期,頁 106-108。

9. 王野:〈稷下學宮盛衰芻議〉,《遼寧師範大學學報(社科版)》,2008 年,第 31 卷第 2 期,頁 124-125。

10. 王興業:〈孟子遊齊紀要〉,《管子學刊》,1989 年,第 2 期,頁 51-57。

11. 汝安、張越:〈「投壺」歷史文化考〉,《成都體育學院學報》,2009 年,第 8 期,頁 32-35。

12. 吳偉華:〈春秋時期齊國對外軍事擴張考略〉,《中原文化研究》,2017 年,第 6 期,122-127 頁。

13. 宋金英:《齊國絲綢與絲綢服飾》,蘇州大學高等教師碩士論文,2010 年 5 月。

14. 沈順福:〈顏闔與道家思想〉,《管子學刊》,1997 年,第 3 期,頁 19-20、89。

15. 邱文山:〈春秋時期齊國的全方位改革〉,《山東理工大學學報（社會科學版）》,2007 年,第 23 卷第 5 期,頁 62-65。

16. 邱文山:〈齊文化的「重士」傳統及其影響〉,《淄博學院學報（社會科學版）》,2001 年,第 17 卷第 1 期,頁 40-43。

17. 邱文山:〈齊威王中興齊國的軍事方略〉,《山東理工大學學報（社會科學版）》,2005 年,第 21 卷第 3 期,頁 84-87。

18. 邵先鋒:〈試析齊景公長期執政的原因〉,《管子學刊》,2000 年,第 3 期,頁 26-29。

19. 姜磊:〈簡說齊閔王失國與齊襄王復國〉,《管子學刊》,2009 年,第 2 期,頁 51-52、91。

20. 宣兆琦:〈齊國興盛原因探析〉,《東岳論叢》,1997 年,第 6 期,頁 80-84。

21. 宣兆琦:〈論齊桓公創霸的階段性及其特點〉,《淄博師專學報》,1997 年,第 1 期,頁 50-54、62。

22. 宣兆琦:〈論戰國時期的齊國政治體制〉,《管子學刊》,1996 年,第 3 期,頁 21-27。

23. 宮源海:〈齊桓公治國方略與經濟發展〉,《山東理工大學學報（社會科學版）》,2005 年,第 21 卷第 1 期,頁 63-66。

24. 徐勇:〈先秦時代齊國參加的主要戰爭述略〉,《煙台大學學報（哲學社會科學版）》,1997 年,第 2 期,頁 64-70。

25. 徐勇:〈論齊威王重視軍事與齊國的強盛〉,《齊魯學刊》,1990 年,第 6 期,頁 39-42。

26. 逄振鎬:〈齊國建國方針與經濟的發展〉,《管子學刊》,1988 年,第 3 期,頁 38、45-48。

27. 高上雯:〈戰國時代的發展變遷與疆域圖之研究〉,《淡江史學》,2013 年,第 25 期,頁 1-24。

28. 高梅進:〈中國古代奩具的使用及發展 —— 以春秋戰國和秦漢時期的奩具為例〉,《管子學刊》,2012 年,第 4 期,頁 85-87。

29. 崔樂泉:〈我國最早的銅「投壺」〉,《體育文史》,1995 年,第 2 期,頁 55。

30. 張永、鄧麗星:〈中國古代投壺發展盛衰考證〉,《玉林師範學院學報（自然科學）》,2007 年第 5 期,頁 119-121、147。

31. 張永義:〈穿衣之道:諸子爭辯的一個話題〉,《現代哲學》2007 年 2 月,頁 80-85。

32. 張作理:〈春秋戰國時期齊國昌盛的幾個原因〉,《理論學刊》,2002 年,第 3 期,頁 111-113。

33. 張杰:〈稷下學宮的務實精神與田齊的興盛〉,《管子學刊》,2000 年,第 2 期,頁 50-55。

34. 張越、張要登:〈齊國音樂藝術探析〉,《東岳論叢》,2011 年,第 9 期,頁 95-103。

35. 張越:〈齊國服飾藝術初探〉,《東岳論叢》,2009 年,第 30 卷第 3 期,頁 17-24。

36. 張豔麗:〈略論春秋戰國時期齊國相任的人才思想〉,《管子學刊》,2007 年,第 2 期,頁 31-35。

37. 張豔麗：〈論戰國時期齊國的人才價值觀──從鄒忌任相封君談起〉，《管子學刊》，2008 年，第 2 期，頁 50-54。

38. 畢曉黎、張杰：〈齊國的用人政策與齊國的興衰〉，《管子學刊》，2002 年，第 1 期，頁 37-43。

39. 郭麗：〈齊襄公考──從馬王堆漢墓帛書說起〉，《管子學刊》，2010 年，第 4 期，頁 38-41。

40. 陳彥良：〈中國古代的貨幣區系、黃金流動與市場整合〉，《臺大歷史學報》，2005 年，第 36 期，頁 217-265。

41. 陶芳：〈戰國中後期齊國對外策略及其實施失誤述評〉，《四川師範學院學報（哲學社會科學版）》，2001 年，第 4 期，頁 31-34。

42. 揣靜：〈古代禮儀文獻中所見投壺禮〉，《黑龍江史志》，2010 年，第 9 期，頁 142-143。

43. 楊崗：〈先秦至秦漢的熏香習俗文化〉，《西北農林科技大學學報（社會科學版）》，2011 年，第 11 卷第 4 期，頁 174-179。

44. 楊華：〈孟子與齊燕戰爭──兼論《孟子》相關篇章的文本編年〉，《中國哲學史》，2001 年，第 3 期，頁 45-54。

45. 群力：〈臨淄齊國故城勘探紀要〉，《文物》，1972 年，05 期，頁 45-54。

46. 靳桂雲：〈齊國樂舞文化的考古發現〉，《管子學刊》，1995 年，第 2 期，頁 92-94。

47. 趙國華：〈司馬遷筆下的姜太公〉，《管子學刊》，2018 年，第 4 期，頁 67-72。

48. 劉一俊、馮沂：〈山東郯城縣二中戰國墓的清理〉，《考古》，1996 年，第 3 期，頁 8-13。

49. 劉佳：〈六博棋與中國最早的六博棋盤〉，《河北畫報》，2009 年，第 7 期，頁 64-65。

50. 劉宗賢：〈試論齊文化的開放性特點〉，《管子學刊》，1987 年，第 2 期，頁 84-88。

51. 劉芳芳：〈古代妝奩探微〉，《文物春秋》，2011 年，第 5 期，頁 3-11。

52. 劉芳芳：〈戰國秦漢漆奩內盛物品探析〉，《文物世界》，2013 年，第 2 期，頁 24-30。

53. 劉斌：〈周代齊國經濟概觀〉，《管子學刊》，1994 年，第 4 期，頁 25-29。

54. 廣少奎，〈論淳于髡〉，《管子學刊》，2004 年，第 1 期，頁 15-19、28。

55. 蔡德貴：〈稷下學宮盛衰原因論〉，《遼寧師範大學學報（社科版）》，1999 年，第 4 期，頁 57-62。

56. 鄭杰文：〈姜齊歷次改革的成敗及啟示〉，《山東社會科學》，2003 年，第 6 期，頁 79-81。

57. 鄭曉華、王珏：〈春秋前期齊謀霸戰略考論〉，《山東理工大學學報（社會科學版）》，2017 年，第 33 卷第 1 期，頁 44-49。

58. 鄭艷娥：〈博塞芻議〉，《南方文物》，1999 年，第 2 期，頁 53-63。

59. 戰化軍：〈孟子民貴君輕思想與田氏代齊〉，《山東理工大學學報（社會科學版）》，2005 年，第 21 卷第 5 期，頁 52-53。

60. 戰化軍：〈從孟子在齊看稷下學宮的人才政策〉，《管子學刊》，2005 年，第 2 期，頁 27-30。

61. 韓兵、孟祥三：〈淺析先秦時期服飾材料與加工工具〉，《山東紡織經濟》2011 年，第 5 期，頁 67-68。

62. 羅杰斯、王忠偉、呂煦非：〈齊桓公的管理思想〉，《遼寧科技大學學報》，2014 年，第 37 卷第 4 期，頁 397-401。

作者簡介

凌公山，現任香港商小皮球文創事業有限公司台灣分公司董事長。
曾任台北藝術大學副教授兼圖書館館長。

書名	圖說中華文化故事： 齊國歷史文化與藝術
主編	周功鑫
作者	凌公山
延伸閱讀撰文	李思潔、李閑、張永青、張勝全
文物繪製	張可靚、徐珮娟、王堉萍、江芷毓
特約編輯	鄧少冰
責任編輯	侯彩琳
書籍設計	姚國豪
出版	三聯書店（香港）有限公司 香港北角英皇道四九九號北角工業大廈二十樓 20/F., North Point Industrial Building, 499 King's Road, North Point, Hong Kong
香港發行	香港聯合書刊物流有限公司 香港新界大埔汀麗路三十六號三字樓
印刷	美雅印刷製本有限公司 香港九龍觀塘榮業街六號四樓 A 室
版次	二〇二〇年十月香港第一版第一次印刷
規格	大十六開（210mm × 265mm）一四四面
國際書號	ISBN 978-962-04-4711-2

三聯書店
http://jointpublishing.com

JPBooks.Plus
http://jpbooks.plus